für Dietmar

Chinesische Märchen Der riesige Märchenteppich des Reiches der Mitte wurde in mehr als zwei Jahrtausenden von insgesamt 56 Völkern gewoben, von denen die eigentlichen Chinesen, die Han, das markanteste Muster dafür entworfen haben.

In allen Dynastien ließen die Chinesen ihre mythologischen und religiösen Vorstellungen in ihre Märchen mit einfließen, man findet die Symbole des Taoismus und Buddhismus in den Zaubermärchen, Feenmärchen, Schelmenmärchen, ja selbst in den Tiermärchen dieses gewaltigen Landes.

Neben der repräsentativen Auswahl von Märchen der Han-Chinesen finden sich in diesem Band auch Beispiele für die Volkserzählungen großer nationaler Minderheiten wie des Steppenvolkes der Mongolen, der (islamischen) Uiguren, der im tropischen und subtropischen Süden lebenden Dschuang (mit 14 Millionen Menschen die größte Minderheit Chinas) und der Bergvölker der Li und Hani in Yunnan.

Josef Guter, Märchenforscher und Märchensammler, stammt aus Vöhringen-Iller in Schwaben und wurde 1929 geboren. Er lebt heute in Bremen. Sein Spezialgebiet sind fernöstliche Märchen; diese Länder hat er wiederholt bereist. In unserer Märchenreihe ist er außerdem der Herausgeber des Bandes ›Tibetische Märchen‹ (Bd. 13577).

Chinesische Märchen

Herausgegeben von
Josef Guter

Fischer
Taschenbuch
Verlag

Originalausgabe
Veröffentlicht im Fischer Taschenbuch Verlag GmbH,
Frankfurt am Main, Dezember 1997

Umschlaggestaltung: Thomas & Thomas Design, Heidesheim
Satz: Fotosatz Otto Gutfreund GmbH, Darmstadt
Druck und Bindung: Clausen & Bosse, Leck
Printed in Germany
ISBN 3-596-13932-5

Inhalt

Der Frosch, der Kaiser wurde

Es lebten einmal ein Mann und eine Frau, die hatten zuviel zum Sterben und zuwenig zum Leben. Der Mann war gezwungen, seine Heimat zu verlassen und irgendwo anders nach Arbeit sich umzusehen. Aber die Frau war schwanger, ein Kind war unterwegs.
Bevor er Abschied nahm, umarmte er seine Frau zärtlich und schaute lange in ihre Augen. Dann gab er ihr die letzten wenigen Silberstücke, die er hatte, und sagte: »Wenn das Kind erst geboren ist, ob es nun ein Mädchen oder ein Junge ist, dann setze alles daran und ziehe es auf. Wir beide sind zu arm, daß wir für uns nichts mehr hoffen können, aber vielleicht wird unser Kind einmal in der Lage sein, uns zu helfen und uns im Alter zu unterstützen.«
Drei Monate nach der Abreise ihres Mannes kam die Frau nieder. Das Kind, das sie gebar, war weder ein Mädchen noch ein Junge, es war ein Frosch.
Der armen Mutter wollte fast das Herz zerspringen, und sie weinte bitterlich. »Ein Wasserwesen, kein Kind«, rief sie, »und wir hatten doch unsere Hoffnung darauf gesetzt, daß es uns in unseren alten Tagen einmal bessergehen könnte, wenn wir ein Kind hätten, und wie kann ich nun den Leuten unter die Augen treten?«
Zuerst dachte sie daran, den Frosch aus dem Weg zu räumen, aber sie wagte nicht, es zu tun. Sie wollte ihn doch großziehen, fürchtete sich aber vor dem Gerede der Nachbarn. Als sie über die Sache nachdachte, erinnerte sie sich an die Worte ihres Mannes, bevor er wegging, und sie beschloß, den Frosch am Leben zu lassen und ihn unter dem

Bett zu verbergen. Auf diese Weise würde niemand erfahren, daß sie einen Frosch geboren hatte.
Im Laufe der nächsten zwei Monate wurde der Frosch aber so groß, daß sie ihn nicht länger unter dem Bett verborgen halten konnte, und eines Tages sprach er gar mit menschlicher Stimme zu ihr.
»Mutter«, sagte er, »mein Vater kommt heute nacht zurück, ich will ihm schon entgegengehen und am Wegesrand auf ihn warten.«
Und in der Tat, der Mann wollte in dieser Nacht nach Hause kommen. Als er eintrat, fragte seine Frau ihn ängstlich: »Hast du unseren Sohn gesehen?«
»Wo, wo ist mein Sohn?«
»Er wartete auf dich an der Straße. Hast du ihn nicht gesehen?«
»Nein, ich sah niemanden«, antwortete der Mann überrascht, »alles, was ich sah, war ein ekelhafter Frosch, der mich sehr erschreckte.«
»Und dieser Frosch war dein Sohn«, sagte die Frau und weinte.
Als der Mann nun hörte, daß die Frau einen Frosch geboren hatte, war er sehr, sehr betrübt.
»Und warum hast du gesagt, er soll mir entgegengehen?« fragte er. »Das ist doch sehr merkwürdig.«
»Was soll ich ihm erzählt haben? Nein, er ging weg, ohne daß ich ihn fragte oder ihm etwas sagte. Plötzlich sagte er mir, du kämest heute nacht zurück, und er wolle hinausgehen, um dich schon draußen auf der Straße zu treffen.«
»Dies ist ja erst recht merkwürdig«, dachte der Mann, und seine Miene erhellte sich, »kein Mensch wußte, daß ich heute nacht komme, aber er hat es gewußt. Ruf ihn sofort herein«, sagte der Mann, »die Nacht ist kalt, und er könnte sich erkälten.«
In dem Augenblick, als die Mutter die Tür öffnete, hüpfte auch schon der Frosch herein. Er hüpfte hinüber zu sei-

nem Vater, der ihn fragte: »Warst du es, der an der Straßenecke saß?«
»Ja«, sagte der Frosch, »ich habe auf dich gewartet, Vater.«
»Und wie konntest du wissen, daß ich heute nacht zurückkomme?«
»Ich weiß alles unter den Sternen«, sagte der Frosch, »alles, was auf Erden vor sich geht.«
Vater und Mutter erschraken sehr bei diesen Worten, aber sie hörten verwundert zu, als der Frosch ihnen sagte: »Unser Land ist in großer Gefahr. Wir können den Feinden nicht mehr widerstehen. Ich möchte, Vater, daß du mich zum Kaiser bringst, denn ich muß unser Land retten.«
»Wie kann das sein!« rief der Vater aus. »Erstens hast du kein Pferd, zweitens hast du keine Waffen, und drittens bist du noch nie auf einem Schlachtfeld gewesen. Wie willst du denn den Feind bekämpfen?«
Der Frosch aber sagte ganz ernst: »Bring mich nur dorthin, ich will den Feind niederkämpfen, ich fürchte mich nicht.«
Der Vater konnte den Frosch nicht umstimmen, und so nahm er seinen Froschsohn auf den Rücken und wanderte mit ihm zur Hauptstadt, um beim Kaiser vorgelassen zu werden. Nach zwei Tagesreisen kamen sie dort an, und der Vater sah, daß am Kaiserpalast ein Befehl angeschlagen war.
Dort stand geschrieben: »Die Hauptstadt selbst ist bereits in Gefahr, mein Land ist von Feinden überschwemmt. Ich bin gewillt, meine Tochter dem zum Manne zu geben, der die Feinde besiegen und unser Land befreien kann.«
Der Frosch machte einen Satz, hüpfte auf, riß mit seinem Maul das Dekret herunter und verschlang es mit einem einzigen Schluck.
Der Soldat, der den Palast bewachte, geriet in die allergrößte Aufregung. Wie konnte nur ein Frosch sich unterstehen, eine solche Aufgabe zu übernehmen? Jedoch, er

hatte gesehen, wie der Frosch die Ankündigung verschluckt hatte, und so mußte er ihn in den Palast bringen. Der Kaiser fragte ihn sogleich, ob er denn die Mittel und die Fähigkeit habe, den Feind auch zu bekämpfen.

Der Frosch antwortete: »Ja, Majestät, ich habe die Mittel und die Fähigkeit dazu.«

Dann fragte ihn der Kaiser, wieviel Männer und wieviel Pferde er dazu brauche.

»Ich brauche nicht ein einziges Pferd und keinen einzigen Mann«, antwortete der Frosch. »Alles, was ich brauche, ist eine große Menge glühender Asche.«

Der Kaiser ließ sofort in großen Kesseln heiße glühende Asche bringen und vor den Frosch hinstellen. Aus der glühenden Asche stiegen noch flackernde Flammen in die Luft, und die Hitze war sehr groß. Der Frosch saß davor und fraß drei Tage und drei Nächte diese Flammen von der Asche, ein Maul voll nach dem anderen. Er verschluckte so viel von den Flammen, daß sein Bauch groß und rund wurde wie die Blase eines großen Ochsen voll von Fett.

Die Stadt war in der Zwischenzeit noch mehr in Bedrängnis geraten, denn der Feind stand schon unmittelbar vor den Mauern. Der Kaiser verging fast vor Ungeduld, der Frosch aber saß ruhig vor der Asche und verschluckte langsam eine Flamme nach der anderen. Erst als der dritte Tag zu Ende gegangen war, erhob er sich, hüpfte auf die Stadtmauer und schaute in die Runde.

»Nun, Frosch«, fragte ungläubig der Kaiser, »wie willst du diese Feinde alle zurückschlagen?«

»Nun, das ist einfach«, antwortete der Frosch, »gebt Euren Truppen Befehl, die Bogen niederzulegen und die Pfeile von den Sehnen zu nehmen, und befehlt, das Stadttor zu öffnen.«

Der Kaiser wurde aschfahl bei diesen Worten.

»Was, ich soll den Feind in die Stadt lassen, ihm das Tor öffnen? Bist du gekommen, um mit mir zu scherzen?«

»Eure Kaiserliche Majestät haben mich gebeten, den Feind zurückzuschlagen«, sagte der Frosch, »und das werde ich tun, deshalb müßt Ihr meinen Worten auch gehorchen.«
Der Kaiser war hilflos. Er befahl seinen Soldaten, die Bogen niederzulegen, die Pfeile von den Sehnen zu nehmen und das Stadttor zu öffnen. Sobald das Tor geöffnet war, strömten die Soldaten des Feindes in die Stadt. Der Frosch aber saß geradewegs über dem Torturm, und als sie unter ihm durchmarschierten und hindurchstürmten, spuckte er langsam und ohne Bewegung eine Flamme nach der anderen auf sie herunter, verbrannte zahllose Männer und Pferde, so daß der Feind bald in großer Unordnung zu fliehen begann.
Der Kaiser war überglücklich, als er sah, daß der Feind geschlagen war. Er ernannte den Frosch zum General und ordnete an, daß der Sieg mehrere Tage lang gefeiert werden sollte. Aber von der Prinzessin sagte er nichts. Und um die Wahrheit zu sagen, er hatte nicht die geringste Absicht, seine Tochter mit dem Frosch zu verheiraten.
»Natürlich kann ich so etwas nicht tun«, sagte er zu sich selbst. Und obwohl er seine Tochter in keiner Weise gefragt hatte, ließ er in der Stadt bekanntmachen, es sei die Prinzessin, die den Frosch nicht zum Mann haben wolle.
»Sie muß irgendeinen anderen heiraten«, sagte der Kaiser. Aber da war guter Rat teuer, wen sollte sie denn heiraten? Wen kannte sie denn, und wer war ihrer würdig?
Schließlich dachte sich der Kaiser: Einerlei, es kann jeder kommen und um sie freien, nur, ein Frosch als Schwiegersohn, das ist ausgeschlossen.
Er ließ ausrufen, daß seine Tochter den zum Manne nehmen werde, der bei dem großen Fest den gestickten Ball mit seiner Hand auffangen könne.
Den gestickten Ball zu fangen – diese Neuigkeit verbreitete sich alsbald im ganzen Land, und in wenigen Tagen war die Stadt in Aufruhr. Viele Männer kamen von nah

und fern, um ihr Glück zu versuchen, und auch anderes Volk, Neugierige, strömten in die Hauptstadt.
Der Tag des großen Spieles kam. Auch der Frosch war da, er saß unbemerkt an einer Ecke des großen Platzes vor dem Palast, wo die größte Menschenmasse zusammengeströmt war. Ein festlich geschmückter Pavillon von beachtlicher Höhe war aufgebaut worden. Der Kaiser führte die Prinzessin und einen großen Zug von Kammerzofen an, alle waren in Scharlach und in Grün gekleidet, und führte sie zu ihren Sitzen oben auf dem Balkon des Pavillons.
Bald nahte der entscheidende Augenblick. Die Prinzessin hob den Ball in die Luft und warf ihn in die Menge. Die Massen sprangen auf, wirbelten durcheinander, und jeder versuchte, den Ball zu fangen, aber der Frosch zog nur einmal kräftig die Luft ein und hatte auch schon den Ball verschluckt.
Nun, jetzt konnte die Prinzessin nicht mehr anders, sie mußte den Frosch heiraten. Der Kaiser war damit nicht einverstanden. »Ein gestickter Ball, von einer Prinzessin geworfen«, erklärte er, »kann nur von einer menschlichen Hand aufgefangen werden. Kein anderes Lebewesen kann dies tun.«
Er befahl der Prinzessin, den Ball erneut zu werfen. Diesmal war es ein junger schmucker Bursche, der den Ball auffing.
»Dies ist der Mann«, rief der erfreute Kaiser, »dies ist mein künftiger Schwiegersohn.«
Ein aufwendiges Fest wurde gefeiert, und mehrere Tage war die Stadt außer sich vor Freude.
Der junge schmucke Bursche war aber niemand anderes als der Frosch.
Erst in der Hochzeitsnacht aber verwandelte er sich zurück in seine ursprüngliche Gestalt, und dies auch erst am frühen Morgen. Am Tag war er dann wieder ein Frosch,

aber in der Nacht legte er seine grüne Haut ab und verwandelte sich in einen schmucken jungen Burschen.
Die Prinzessin konnte aber das Geheimnis nicht bei sich bewahren, und eines Tages offenbarte sie ihrem Vater, dem Kaiser, was sich in jeder Nacht zutrug.
Der Kaiser ließ daraufhin seinen Schwiegersohn zu sich kommen und fragte ihn: »Ich höre, du verwandelst dich jede Nacht in einen jungen schmucken Burschen. Warum legst du denn nicht auch am Tag diese schreckliche Froschhaut ab?«
»Verehrter Vater«, antwortete der Frosch, »diese meine Haut ist kostbar. Wenn ich sie im Winter trage, ist mir warm darin, und ich friere nicht. Im Sommer ist sie angenehm kühl. Gegen Wind und Regen bin ich ebenfalls geschützt, und die stärkste Flamme kann mich nicht versengen. Solange ich die Haut trage, kann ich Tausende von Jahren noch leben.«
»Laß sie mich einmal anprobieren«, bat etwas drängend der Kaiser.
»Natürlich, mein Vater«, antwortete der Frosch und zog die Froschhaut aus.
Der Kaiser lachte selbstgefällig. Er zog seinen drachenbestickten Kaisermantel aus und stülpte sich die Froschhaut über, aber was er auch begann, er konnte sie nicht mehr loswerden. Und so zog der Frosch nun das Kaisergewand über und wurde Kaiser von China. Sein Schwiegervater aber blieb für immer ein Frosch.

[Märchen der Han]

Das Zauberboot

Es war einmal ein junger Holzfäller, der hieß Wang. Er war ein guter junger Mann, der hart zu arbeiten hatte, um sich und seine alte Mutter mit Holzfällen durchzubringen.

Eines Tages hatte er sich in den waldreichen Hügeln eine tüchtige Ladung dürrer Zweige auf den Rücken gepackt und wanderte nun heimwärts, der kleinen strohgedeckten Hütte zu. Auf diesem Wege kam er dann an eine schmale Holzbrücke, unter der ein reißender Fluß dahinbrauste. Wie er zu der Brücke kam, sah er einen alten Mann vorsichtig am Geländer der Brücke entlangschreiten.

Es war ein windiger Tag. Der alte Mann hielt sich wohl nicht genügend am Geländer fest, denn Wang sah mit Entsetzen, wie ein starker Windstoß den Alten herumwirbelte und in den tosenden Fluß riß. Ohne große Überlegung warf Wang sein Holzbündel auf den Boden und stürzte sich ins Wasser. Unter lauten Hilferufen versuchte der Alte, das rettende Ufer zu erreichen, aber er hatte nicht genug Kraft, er drohte unterzugehen. Wang zog den zitternden Alten aus dem Wasser, fragte ihn nach seiner Behausung und trug den Alten schnurstracks nach Hause.

Der alte Mann bedankte sich mit Tränen in den Augen, zog ein kleines Holzkästchen unter seinem Bett hervor, machte den Deckel auf und zeigte auf ein kleines Boot aus Papier, das in dem Kästchen lag.

»Du bist mein Lebensretter!« sagte der Alte. »Ich will dir etwas mitgeben, was vielleicht dir auch einmal das Leben retten kann.«

Mit diesen Worten nahm der Alte das Papierboot aus dem Kästchen und sagte zu Wang: »In sechs Monaten kommt ein großes Hochwasser über uns. Alle unsere Dörfer werden überschwemmt werden. Dann setze das Papierboot ins Wasser und sprich die Worte:

Mast hoch geschwind,
In die Segel den Wind.

Das Boot wird dann so groß, daß du dich mit deiner ganzen Familie hineinsetzen kannst und dem Unheil entkommst. Fällt aber das Wasser, dann sprich die Worte:

Das Wasser strömt weg,
Erfüllt ist der Zweck.

Das Boot wird dann wieder ganz klein, wird wieder zu Papier, und du kannst es wieder in das Kästchen legen.«
Mit diesen Worten händigte der Alte Wang das Kästchen aus und schärfte ihm noch ein: »Kommen Tiere zu dir im Wasser, so kannst du sie ins Boot holen und retten. Ruft dich aber ein Mensch, so fahre weiter und kümmere dich nicht um ihn, denn dieser eine wird dir sonst Unheil bringen. Denke aber immer daran, dies ist kein Kinderspielzeug, es ist ein Zauberboot. Du wirst es noch gut gebrauchen können.«
Wang bedankte sich, verabschiedete sich von dem Alten, kehrte zu der Brücke zurück, lud das Bündel Holz auf seinen Rücken und kehrte spät abends zu seiner Mutter in die kleine Holzhütte zurück.
Lange betrachteten sie das kleine Papierschiffchen in dem Kästchen, konnten sich aber keinen Reim darauf machen und legten es schließlich weg. Nach sechs Monaten begann es tüchtig zu regnen, die Himmelstore öffneten sich wie Schleusen, die Flüsse schwollen an, und die Ströme traten über die Ufer – da erinnerten sich die alte Frau und ihr Sohn an das kleine Papierschiffchen. Wang nahm es aus

dem Kästchen, faltete es auf, setzte es in das Wasser, das schon bis vor die Türschwelle gekommen war, und sprach die Worte:

Mast hoch geschwind,
In die Segel den Wind.

Und siehe, das Boot streckte sich, das Boot wuchs, ein Mast stieg empor, Segel schwollen, der Wind pfiff darein, und ein großes, schönes, breites, behäbiges Boot stand vor der Haustür bereit, die beiden aufzunehmen.

Wang schnürte die paar Habseligkeiten zusammen, die seine Mutter und er besaßen; sie schauten sich noch einmal in ihrem Hause um und traten über die Schwelle unmittelbar in das Boot. Dort war es geräumiger, als sie je gedacht hatten. Von überallher strömten die Wasser zusammen. Bald schlugen sie bis an die Fenster der Häuser in ihrem Dorfe hoch. Bald versanken die Ställe und Scheunen im Wasser. Wang aber und seine Mutter schwammen lustig und trocken auf den Wogen des Unwassers davon. Als sie sahen, daß auch ihre kleine Hütte von den Wassermassen davongespült wurde, richteten sie ihren Blick nach vorn und trieben nunmehr auf der weiten Wasserfläche in ihnen bisher ganz unbekannte Gegenden.

Plötzlich sahen sie, wie sich eine große Schlange im Wasser dahinschlängelte. Die Kräfte schienen sie zu verlassen, und sie versuchte, in die Nähe des Bootes zu kommen. Wang griff ins Wasser und holte die Schlange ins Boot. Da schien sich die Schlange zu verbeugen und ihren Dank zu hauchen, denn sie richtete sich auf, machte eine Art Kotau vor Wang, öffnete ihr Maul und hauchte dreimal vor sich hin.

Bald erblickte Wang ein kleines Ameisenvolk im Wasser, das sich zwar eng zusammenhielt, aber sein nahes Ende nicht verhindern konnte, denn die armen Tierchen zappelten schon hilflos im Wasser. Wang griff hinein, holte die

Ameisen mit seiner Hand aus dem Wasser und setzte sie auf den trockenen Boden des Bootes. Da schienen die Ameisen zu nicken und auf diese Weise ihren Dank zu bezeugen.

Als das Boot weitertrieb, sahen die Mutter und Wang einen Bienenschwarm, der sich auf einem kleinen Ast im Wasser gerade noch vor dem Untergehen bewahren konnte. Wang griff nach dem Ast und holte damit den ganzen Bienenschwarm ins Boot. Die Königin krabbelte aus dem Schwarm hervor und schien sich vor Wang ebenfalls zu verneigen. Bald kam wieder Wind auf, der die Wasserwogen peitschte.

Gischt spritzte über das Boot, und Wang hörte einen gellenden Hilferuf. Wie er sich näher umsah, erkannte er einen jungen Mann, der schon ziemlich hilflos auf das Boot zuschwamm. Wang schlug die Warnung des Alten in den Wind und rettete den jungen Mann ins Boot. Dieser schüttelte sich und siehe, wer war es? Es war Tschang aus dem Nachbardorf, der Sohn eines reichen Mannes, der aber nicht gerade durch Hilfsbereitschaft und Güte bekannt war. Der junge Mann bedankte sich überschwenglich bei Wang und war froh, in dem trockenen Boot sitzen zu können.

Mehrere Tage fuhren die drei durch die großen Wasser. Aber als sie ihre letzten Bissen verzehrt hatten, hörte auch der Regen auf. Die Sonne schien wieder, das Unwetter hatte ein Ende.

Wang steuerte auf einen bewaldeten Hügel zu und machte schließlich das Boot an einem großen, starken Baum fest. Nach wenigen Tagen fiel auch das Wasser. Die drei stiegen aus dem Boot, ließen die Tiere frei, holten Holz, machten Feuer und kochten sich zum erstenmal wieder ein kräftiges Essen. Nun konnte auch Wang erkennen, wo sie gelandet waren. Es waren jene Waldhügel, in denen er selbst oftmals Holz geschlagen hatte.

Sie beschlossen, sobald wie möglich nach Hause zurückzukehren und ihre Häuser wieder aufzubauen. »Und was machen wir mit dem Boot?« fragte Tschang.
Da schaute ihn Wang bedeutungsvoll an und sagte: »Das Boot, das nehmen wir mit nach Hause.«
»Und wie willst du das anfangen? Wie können wir dieses große Boot ohne Wasser nach Hause bringen?«
Darauf blickte Wang zum Himmel und sprach die Worte:

Das Wasser strömt weg,
Erfüllt ist der Zweck.

Und in diesem Augenblick fiel der Mast in sich zusammen, rollten sich die Segel ein, und nach wenigen Augenblicken lag ein kleines Papierboot vor den Füßen von Wang und Tschang.
»Ein Wunder, ein Wunder!« rief Tschang erregt.
»Ja, ein kleines Wunder«, sagte Wang und erzählte ihm arglos und ganz genau die Geschichte mit dem Alten, den er damals bei der Brücke aus dem reißenden Fluß gerettet hatte.
»Wer weiß, wie lange es jetzt dauert, bis wieder ein Unwetter kommt«, sagte Tschang, »vielleicht haben wir nie mehr in unserm ganzen Leben so viel Wasser, um mit einem Boot davonzufahren. Es wäre das beste, dieses Zauberboot dem Kaiser zum Geschenk zu machen. Dort wird sicherlich dann eine reiche Belohnung auf den warten, der ein solches Wunderding überbringt.«
»Wie soll ich armer Holzfäller vor den Kaiser treten? Ich habe ja nicht einmal Schuhe an den Füßen.«
»Das laß nur meine Sorge sein«, sagte Tschang und versprach, das Boot in Wangs Namen zum Kaiser zu bringen und die Belohnung mit den beiden zu teilen.
Der Kaiser staunte nicht schlecht über dieses Wunderboot. Immer wieder ließ er es in einem kleinen Teich beim Palast zu Wasser und sprach die Worte:

Mast hoch geschwind,
In die Segel den Wind.

Und dann wiederholte er, freudig erregt wie ein Kind, immer wieder die Formel:

Das Wasser strömt weg,
Erfüllt ist der Zweck.

Tschang ließ er reichlich mit Gold- und Silberstücken belohnen, machte ihn zu einem hohen Beamten, kaufte ihm ein großes, palastähnliches Haus und verheiratete ihn mit einer schönen Hofdame.

Von Wang und seiner Mutter aber hatte Tschang dem Kaiser kein Wörtchen erzählt. Ja, er hatte vor, nie mehr nach Hause zurückzukehren, sondern die schöne Belohnung ganz allein zu genießen. Bei dem Gedanken aber, Wang könnte einmal in die Hauptstadt kommen, schauderte ihn. Aber er dachte, mit Hilfe einiger Eunuchen, seiner neuen Freunde, würde er sich schon aus der Schlinge ziehen.

Wang und seine Mutter warteten lange in dem kleinen Holzhäuschen. Woche um Woche verging. Bald waren drei Monate verstrichen, Tschang kehrte immer noch nicht zurück. Da überredete Wang seine Mutter, ihn aufbrechen zu lassen, damit er in der Hauptstadt nach Tschang Nachforschungen anstellen könnte. Schweren Herzens ließ die Mutter ihn ziehen. Unterwegs litt Wang große Not. Er mußte betteln, kam aber schließlich eines Abends wohlbehalten in der Hauptstadt an.

Bei einem Gasthaus am Stadtrand kam er mit dem Wirt ins Gespräch und erzählte ihm die ganze Geschichte, wie sie sich zugetragen hatte.

»Ha«, lachte der Wirt, »den vornehmen Tschang, den kenne ich genau. Der kommt jeden Vormittag in seiner Sänfte vorbei. Vier Soldaten gehen vor und vier hinter ihm. Er selbst aber läßt sich in der Sänfte tragen.«

Wang zog sein letztes Geldstück aus der Tasche, quartierte sich in dem Gasthaus ein und wartete voller Freude auf den nächsten Tag, an dem er nun endlich mit Tschang zusammentreffen konnte.
Glücklich und erleichtert ging er zu Bett, denn es war nun offensichtlich, Tschang war damals gut angekommen und hatte vom Kaiser die hohe Belohnung erhalten.
Wang stand früh auf und wartete voller Erregung auf die Sänfte und die Soldaten. Und bald hörte er auch schon von Ferne Gong und Trommeln und sah, wie eine Sänfte von kräftigen Männern herangetragen wurde. Vor der Sänfte schritten vier Soldaten mit langen Schwertern und hinter der Sänfte nochmals vier Soldaten.
Erfreut sprang Wang auf die Straße, lief vor den Zug und schrie erregt: »Bruder Tschang, Bruder Tschang! Ich bin hier, Wang!«
Tschang hatte mit Entsetzen gesehen, welcher Besucher ihn da zu sprechen wünschte. Wenn Wang nun die ganze Geschichte vor den Kaiser bringt, so dachte er, ist es aus mit der schönen Beamtenstelle und mit dem herrlichen Leben hier. Schnell gab er daher den Soldaten den Befehl, den Landstreicher, wie er sagte, davonzujagen und ihn tüchtig mit den Knüppeln durchzuwalken. Die Soldaten gingen auf den armen Wang los, droschen auf ihn ein und schlugen ihn halb tot.
Die Sänfte rauschte davon, und Wang blieb zerschlagen und blutend am Wegrand liegen. Er konnte sich nicht mehr erheben. Er blutete aus mehreren Wunden am Kopf und an den Beinen, auch seine Hände waren zerschlagen. Er dachte schon, sein letztes Stündlein sei gekommen, als neben ihm eine Schlange sich züngelnd aus dem Gras erhob. Es war die Schlange, die er einst aus dem Wasser gerettet und die ihm in einiger Entfernung nachgekrochen war, als ob sie geahnt hätte, daß sie bald gebraucht würde.

Die Schlange kroch zu dem liegenden Wang hin und leckte seine Wunden mit ihrem hauchzarten Zünglein. Er fühlte nur, wie ein kleines Kitzeln an Händen und Beinen und im Gesicht ihn neu belebte.
Die Schlange verschwand, kam aber bald mit einem Büschel Pflanzen in ihrem Maul zurück. Mit diesen Pflanzen berührte sie nochmals alle Wunden Wangs, die sich daraufhin sofort schlossen.
Wang fühlte neue Kräfte, versuchte aufzustehen, und siehe, in dieser kurzen Zeit schien er völlig geheilt und wiederhergestellt zu sein. Die Schlange hob ihren Kopf und sprach mit dünner Stimme: »Nimm diese Pflanzen zu dir, bewahre sie gut auf, eines Tages wirst du sie gut brauchen können.«
Wang dankte der Schlange und brach sofort auf zum Palast. Als er zu dem Tor kam, hatte sich eine große Menge Volks vor dem Palast versammelt, und ein Herold rief unter Trommelwirbel laut und deutlich aus: »Des Kaisers Tochter ist plötzlich krank geworden. Wer sie heilen kann, der komme und helfe. Große Schätze warten auf den, der ihr Heilung bringt. Ja, wer sie wieder völlig gesund macht, erhält sie sogar zur Frau.«
Wang dachte sogleich an die heilkräftigen wunderbaren Pflanzen, die er von der Schlange bekommen hatte, und begehrte Einlaß in den Palast.
Er wurde zu der Kammer der Prinzessin geleitet, in der bereits der Kaiser auf einem breiten und reich geschnitzten Sessel Platz genommen hatte. Er wollte genau sehen, was Wang nun beginnen würde.
Wang zog die Wunderpflanze aus der Tasche und gab sie mit einigen erklärenden Worten einer Zofe. Diese rieb damit die Prinzessin von Kopf bis Fuß ein, berührte damit ihre Wangen und ihre Lippen und ließ sie einige Minuten lang an der Pflanze riechen.
Und siehe, es kehrte das Leben in die Prinzessin zurück,

sie hob den Kopf, schlug die Augen auf, versuchte aufzustehen, und nach wenigen Augenblicken stand sie gesund vor ihrem Vater, dem Kaiser.

Der Herrscher war hocherfreut und erstaunt und sagte zu Wang: »Du bist nicht nur ein Arzt, du bist ein Wundertäter, Wang. Bleib bei mir in meinem Palast. Und wenn du meine Tochter haben willst, so gebe ich sie dir zur Frau.«

Wang war völlig verwirrt, aber er sagte nicht nein, und so wurde die Hochzeit gerichtet.

Als Tschang erfuhr, was sich in der Kammer der Prinzessin zugetragen hatte, erschrak er bis zu den Zehen. Durch seinen Freund, den Obereunuchen, ließ er sich sofort beim Kaiser melden.

»Diesen Burschen kenne ich«, sagte Tschang zum Sohn des Himmels, »es ist ein armer Holzfäller aus den Hügelwäldern, der sich in die Hauptstadt durchgebettelt hat. Er ist ein ziemlich ungebildeter Lümmel, und es will mir nicht in den Kopf, daß er Eure schöne Tochter zur Frau bekommen soll. Solche Pflanzen kann jeder finden. Ihr solltet ihn noch einer strengen Prüfung unterziehen, bevor Ihr Eure Tochter endgültig an ihn verheiratet.«

Dem Kaiser gefiel dieser Rat, und er fragte Tschang, welche Prüfung dies denn sein könnte. Tschang war sofort mit einer Antwort zur Stelle und meinte: »Wenn er aus zwei Scheffeln Sesamkörnern zwei Scheffel Spreu heraussucht und dies in einer halben Stunde, dann ist er wirklich ein Wunderdoktor. Man muß nur Spreu und Sesam gut miteinander vermengen.«

Dem Kaiser gefiel dieser Rat sehr wohl, und er ließ sofort Sesamkörner holen, einige Scheffel Spreu herbeischaffen und sie tüchtig durcheinandermischen. Dann ließ er Wang zu sich kommen und befahl ihm, in einer halben Stunde alle Sesamkörner sorgsam herauszusuchen und auf ein Tablett zu legen.

Dem armen Wang schwanden fast die Sinne. Hatte da etwa Tschang die Hände im Spiel? Er schloß die Augen und wußte nicht ein noch aus. Da, plötzlich kroch eine Ameise auf seinen Ärmel, und er vernahm eine leise flüsternde Stimme, die da sagte: »Du hast mich einst aus dem Wasser gerettet. Ich weiß, was man von dir jetzt verlangt. Es warten mit mir viele Ameisen, um dir endlich unseren Dank bezeugen zu können. Bleib nur ruhig hier sitzen, in einer halben Stunde haben wir alle Sesamkörner auf dem Tablett zusammengebracht.«
Und siehe, es dauerte nicht einmal eine Viertelstunde, da konnte der überglückliche Wang bereits dem Kaiser das Tablett mit den Sesamkörnern überreichen. Zwischen der Spreu auf dem Boden lag kein einziges Sesamkörnchen mehr. Nun aber staunte der Kaiser und wollte das Zeichen zum Beginn der Hochzeit geben.
Ein von Tschang bestochener Eunuche aber flüsterte dem Kaiser ins Ohr: »Das will ein Wunderdoktor sein, hat er schon die Hauptprobe bestanden? Aus einem langen Zug von Brautsänften müßte er mit verbundenen Augen Euch die richtige zeigen können, und aus dreiundfünfzig Kammermädchen müßte er die verkleidete Prinzessin erkennen können. Dann ist er ein Wunderdoktor und verdient Eure Tochter.«
Auch dieser Rat gefiel dem Kaiser nicht übel. Er ließ einen langen Zug schön geschmückter Sänften an Wang vorübertragen, aber nur in einer saß die Prinzessin. Wang wußte nicht ein noch aus.
Da setzte sich eine Biene auf sein Ohr und flüsterte ihm zu: »Sei unbesorgt, du bist unser Retter und hast uns einst aus dem Wasser gezogen. Wir sind gekommen, um dir zu helfen. Wenn die Sänfte der Prinzessin an dir vorbeikommt, so werden wir diese Sänfte umschwärmen, du wirst uns hören und auf diese Weise die richtige Sänfte bezeichnen.«

Kaum hatte die Biene dies dem erstaunten Wang ins Ohr geflüstert, flog sie auch schon davon. Der Zug der Sänften setzte sich in Bewegung. Eine nach der anderen zog langsam an Wang vorüber.

»Nun, welche ist es?« fragte der Kaiser und beobachtete forschend den neben ihm stehenden Wang, dem man die Augen verbunden hatte. Bei der dreiundzwanzigsten Sänfte hörte Wang viele Bienen summen, und er sagte: »Diese ist es!«

Der Kaiser war sprachlos und rief aus: »Und wenn du jetzt aus dem Zug der Zofen auch noch meine Tochter herausfindest, dann sollst du endgültig mein Schwiegersohn sein!«

Wang stand hilflos bei diesem Ansinnen vor seinem Kaiser. Diesmal setzte sich eine Biene auf sein anderes Ohr und flüsterte ihm zu: »Sei unbesorgt, das Mädchen, das wir umschwärmen, das bezeichne mit gutem Gewissen als die Prinzessin. Wir kennen sie genau, denn sie allein duftet nach kostbaren Ölen und Salben.«

Und da setzte sich auch schon der Zug der Zofen in Bewegung. Langsam und gemessen schritten die Mädchen an Wang vorbei. Alle waren angezogen wie Kammermädchen. Diesmal hatte man Wang die Binde von den Augen genommen, er konnte alle Mädchen sehen. Aber wie sollte er die Königstochter erkennen?

Bei der vierundzwanzigsten Kammerdienerin sah er, wie ein Schwarm von Bienen sie umschwärmte, und sagte zum Kaiser: »Diese ist Eure Tochter!«

Der Kaiser stand wie angewurzelt und konnte nunmehr sein Versprechen nicht mehr hinausschieben und auch nicht mehr brechen. Er ließ sofort die Hochzeit richten und nahm Wang als seinen Schwiegersohn in dem Palast auf.

In der Hochzeitsnacht erzählte Wang seiner Frau, wie er in die Hauptstadt gekommen war, wie er von den Bütteln

halb tot geschlagen wurde und wie undankbar Tschang an ihm gehandelt hatte.
Gleich am nächsten Morgen lief die empörte Prinzessin zu ihrem Vater und verlangte die strengste Bestrafung für den pflichtvergessenen und undankbaren Tschang.
Da lief die Majestät vor Zorn krebsrot an und ließ Tschang durch die Palastwache sofort verhaften und bald darauf hinrichten.
Die Mutter Wangs aber wurde in einem feierlichen Zug mit einer Sänfte aus ihrem Holzhäuschen abgeholt, eine schöne Wohnung wurde ihr im Palast eingerichtet, und Wang lebte mit seiner Frau, der Prinzessin, friedlich und in Freuden im Palast, und der alte Kaiser war glücklich darüber, einen so treuen, bescheidenen und guten Schwiegersohn bekommen zu haben.

[Märchen der Han]

Das bunte Hochzeitskleid

In einem Dorf, das von Bergen rings umgeben war, lebte in alten Zeiten einmal ein junges Mädchen. Im Spinnen, Weben und Stricken konnte es dem Mädchen niemand gleichtun, so geschickte Hände hatte es. Das Mädchen war schön wie eine Blume, aber einfach und schlicht, sparsam und fleißig. Überall wurde sie wegen ihrer Handfertigkeit nur Tjiao-gu genannt, das »Mädchen mit den fleißigen Händen«.

Ein armer Bursche mit Namen Man Tsang wohnte gleich gegenüber von den Eltern des Mädchens. Tjiao-gu war von klein auf seine Gespielin gewesen. Und wie sie beide größer wurden, hatten sie sich immer mehr lieb.

Man Tsang bewunderte den Fleiß des Mädchens, Tjiao-gu freute sich über die Tüchtigkeit ihres Geliebten.

Die Eltern der beiden willigten ein und vereinbarten die Hochzeit. Man Tsangs Familie aber war arm, und so konnte der Bursche seiner Verlobten nur die einfachsten Geschenke verehren: einen Hirsehalm mit einer Doppelähre, einen prächtigen Kohlkopf, eine ganz knallrote Schnur Paprikaschoten. Tjiao-gu war glücklich. In ihren Augen waren das alles kostbare Geschenke, die sie sorgfältig verwahrte. Wachte sie am Morgen auf, so schaute sie gleich nach diesen Gaben, und am Abend galt ihnen ihr letzter Blick. In ihrem Herzen aber wuchs die Liebe zu Man Tsang.

Die Eltern der beiden Verlobten verabredeten im nächsten Frühjahr die Hochzeit auf den Herbst des gleichen Jahres. Die Eltern des Mädchens waren traurig, ihrer Tochter kein

Kleid zur Aussteuer anschaffen zu können. Am liebsten hätten sie, wie man so sagt, die eisernen Kochtöpfe im Hause zerschlagen und an den Altwarenhändler verkauft, um nur einiges Geld zu lösen. Tjiao-gu aber sagte ihren Eltern: »Eine gute Tochter verläßt sich nicht nur auf Vater und Mutter. Habe ich nicht zwei Hände? Soll ich mir da den Kopf zerbrechen, was ich zur Hochzeit anziehen soll?«

Man Tsang wollte allzugerne seine Verlobte mit einem Stückchen Tuch überraschen. Dies aber ging über seinen kärglichen Verdienst. Mit vieler Mühe konnte er ein paar Pfund grober Baumwolle als Morgengabe zusammenbringen.

In der Nachbarschaft Tjiao-gus wohnte eine Familie, die ebenfalls eine heiratsfähige Tochter im Haus hatte. Dieses Mädchen hieß Djin-hua und war von ihren Eltern schon als Kind mit einem Jungen in der Stadt verlobt worden. Der Junge war der Sohn wohlhabender Eltern. Die Hochzeit Djin-huas mit dem reichen Bräutigam aus der Stadt sollte auch im Herbst gefeiert werden. Aus der Stadt trafen dann auch viele Monate im voraus zwei rotbedeckte Truhen mit den Hochzeitsgeschenken der Schwiegereltern ein: Goldarmbänder, verziert mit Edelsteinblumen, Kopfschmuck, besetzt mit kostbaren Steinen, Seidengewänder mit zierlichen Borten und Röcke aus Atlasseide mit herrlichen, leuchtenden Blumenmustern. Alles, was sich eine junge Braut nur wünschen kann, kam da zum Vorschein. Djin-hua konnte es gar nicht erwarten. Beim Auspacken schon begann sie, ein Kleid nach dem anderen anzuprobieren. Sie stellte sich vor den Hofbrunnen und spiegelte sich im Wasser des großen Beckens, dann stolzierte sie zum nahen Fluß und betrachtete sich voller Stolz und Wohlgefallen im Wasserspiegel.

Dabei achtete sie sehr darauf, in all ihrem Glanz von Tjiao-gu gesehen zu werden. Tjiao-gu aber blickte nicht zu ihr hin. Mit flinken Händen spann sie die Baumwolle zu Garn, verwob das Garn zu Tuch und nähte daraus ein Kleid. Die Hirseähren, der Kohlkopf, die Buchelbohnen und die Paprikaschoten lagen dabei immer neben ihr. Und dieser Anblick brachte sie auf einen glücklichen Einfall. Sie stickte Hirseähren darauf, glänzend wie Gold, Kohl, wie grüne Jade leuchtend, Bohnen, so herrlich blau wie der Enzian der Berge, und Paprika, so rot wie Korallen. Ein Muster reihte sich an das andere, immer dichter rückten sie aneinander, immer schöner wurde das Kleid. Tjiao-gu saß Tag für Tag an dieser Arbeit, vom frühen Morgen bis zum späten Abend. Oft aber saß sie die Nacht hindurch wach und stickte bis zum frühen Morgengrauen. Hatte sie sich in die Hand gestochen – und Blutstropfen fielen auf das Tuch, dann stickte sie das Blutströpfchen zu einer roten Blume aus. Fiel ihr im Eifer der Arbeit ein Tröpfchen Schweiß von der Stirn, so stickte sie auf diese winzigen Stellen kleine Schmetterlinge. Drei volle Monate mühte sie sich ab. Dann war endlich der letzte Stich getan. Das Kleid war ein wahres Wunder, man konnte sich gar nicht sattsehen daran. Es war schöner als des Himmels Morgenröte und bunter als die Blumen der Bergwiesen.

Tjiao-gu hatte gerade ihre Arbeit beendet und betrachtete ihr Werk voller Freude, als die eitle Djin-hua vorbeikam und zur Tür hereinschaute. Da sah sie das prächtige und farbenfrohe Kleid. Vor Begierde trat sie von einem Bein auf das andere. Und sie begann zu betteln und zu feilschen.

»Tjiao-gu, willst du nicht mit mir tauschen? Für dieses eine Kleid gebe ich dir zehn Kleider aus Atlasseide und sechs Röcke mit Schmetterlingsmuster!«

»Tauschen! Nein!« erwiderte Tjiao-gu, »wenn auch mein Kleid aus grober Baumwolle und ohne Futter ist, so ist es doch schöner als alle anderen!«

Djin-hua kochte vor Enttäuschung und Wut. Schnell trat

sie ein paar Schritte vor und riß das Kleid an sich. »Ich will es mir nur einen Tag borgen. Ich bringe es dir dann wieder zurück!«

Tjiao-gu verneinte; sie kannte ihre Nachbarin nur zu gut. Da rannte Djin-hua mit dem Kleide weg, durchs ganze Haus, dann durch den Hof. Tjiao-gu jagte ihr nach. Da wollte dieses böse und freche Geschöpf das Kleid schnell über die Mauer werfen, aber es blieb oben auf der Mauer hängen. Tjiao-gu lief schnell nach einer Bambusstange und wollte ihr kostbares Gewand herunterlangen.

Wie auf ein verabredetes Zeichen stieß da aber eine Schar Elstern herab. Die Vögel faßten das Kleid an allen Enden gemeinsam an, schwangen sich hoch und trugen es in die Lüfte davon. Tjiao-gu war zuerst wie erstarrt, dann begann sie die Elstern zu locken, dann zu schimpfen – aber nichts half. Die Vögel flogen höher und höher und waren bald ganz in den Wolken verschwunden. Vor Verzweiflung stampfte sie auf den Boden und begann laut zu weinen. Voller Heuchelei bot Djin-hua ihr nun zum Ausgleich eines von ihren Seidenkleidern an. Tjiao-gu wies dieses ungleiche und scheinheilige Angebot zurück und rief: »Wer zieht sich schon eine von deinen Häuten über, mit denen du nur prahlen und protzen willst!«

Djin-hua wurde nun ganz gehässig und tat jetzt so, als sei sie selbst gar die Geschädigte und Beraubte.

Tjiao-gu war voller Zorn über dieses bösartige Geschöpf, aber sie war auch wütend über die Elstern. Da kam ihr ein Gedanke: die Elstern mußten gefangen werden! Beim Weben ihres Kleides hatte sie noch mehrere Reste Garn übrigbehalten, damit konnte sie ein Netz knüpfen.

Vielleicht konnte sie auf diese Weise doch noch ihr kostbares Gewand wiederbekommen. Sie begann gleich mit der Arbeit, ruhte und rastete kaum und knüpfte einen Knoten nach dem anderen.

Zwei Tage vor der Hochzeit war das Netz fertig. Die

Sonne war am nächsten Tag aufgegangen, da schwirrte es in der Luft, und eine Elsternschar flog heran. Mit Lärm und Gezeter setzten sich die schwarz-weißen Vögel auf das Hausdach. Leise und geschwind eilte Tjiao-gu in den Hof, spannte das Netz aus und streute Futter darunter. Die Vögel stießen flugs herab und stürzten sich mit Gekreisch auf die Samen und Brocken. Tjiao-gu hatte nur darauf gewartet. Ein schneller Ruck an der Leine – und das Netz war zu! Alle diebischen Elstern saßen im Netz gefangen; sechzig, siebzig, nein, gar achtzig Vögel! Tjiao-gu zog die Schnüre des Netzes immer enger zusammen. Sie war richtig erbost über die freche Diebesbande. Wie sie nun die Hand nach den Elstern ausstreckte, um sie zu greifen, da schlugen alle mit den Flügeln, erhoben ein lautes Geschrei und trugen das Netz und auf dem Netz das verdutzte Mädchen mit sich in die Höhe. Tjiao-gu pfiff der Wind um die Ohren, so schnell flogen die Vögel, immer höher, nach Osten der Sonne entgegen. Ganz klein sah sie ihr Dorf nur noch unter sich, die Bäume, die Äcker, da und dort ein rotes Dach oder eine Wiese, und dann war alles unter ihr verschwunden.
Tjiao-gu spürte bald die Luft der Berge. Und da, auf einem mächtigen Gebirgsstock, oben auf dem Gipfel, ließen die Elstern sich nieder. Ein dichter Wald von nephritgrünen Dryandrabäumen bedeckte diese Bergwelt bis zur höchsten Spitze hinauf. In den Ästen der Bäume saß und tummelte sich ein buntes Vogelvolk. Da gurrten Tauben, dort kreischten Papageien, in der Luft trillerten Lerchen und zu ihren Füßen schlugen Pfauen ihr Rad. Goldfasanen huschten ins Gebüsch, Rebhühner scharrten im Laub und Goldamseln pickten mit ihren festen Schnäbeln unter den Kräutern. Man konnte gar nicht alle zählen, so viele waren es. Die Elstern zerhackten und zerrissen das Netz kurz und klein und flatterten dann auf die Zweige und Baumspitzen.

Mit einem Male waren alle Vögel still, dann brachen sie in ein lautes Jubilieren aus. Was war das? Eine Fee trat aus dem Walde hervor, in ein buntes, prachtvolles Gewand gehüllt. Auf den ersten Blick erkannte Tjiao-gu, daß die Fee ihr eigenes Kleid trug, das die Elstern entführt hatten. Voller Verwunderung und mit ungläubigem Staunen ging sie der Fee entgegen. Mit gütiger Stimme sagte die wundersame Erscheinung zu dem Mädchen: »Tjiao-gu, du hast ein herrliches Kleid genäht, meine Gewänder aber sind noch kostbarer, willst du mit mir tauschen?«

»Verzeiht mir, hohe Frau«, antwortete Tjiao-gu und verneigte sich, »ich möchte doch nicht tauschen. Dieses Kleid ist mein Hochzeitskleid. Ich habe es mit viel Mühe angefertigt, viele Tage und Nächte hat es mich gekostet.«

»Dann, Tjiao-gu, sollst du das Kleid gleich wiederhaben!« Die Fee löste den Gürtel mit Händen so zartrot wie die Morgenröte, legte das Kleid ab und übergab es Tjiao-gu mit folgenden Worden:

»Von Herzen Dank. Ich wünsche euch beiden, Braut und Bräutigam, immerwährendes Glück und ein Familienleben in Eintracht und Zufriedenheit!«

Mit diesen Worten wandte sie sich um und war auch schon verschwunden.

Tjiao-gu war sprachlos. Da sah sie, wie aus dem Wald ein strahlender Phönix geflogen kam. Hatte sich die Fee in diesen Phönix verwandelt? Tjiao-gu glaubte es. Die Vögel aber spreizten ihre Schwingen und begleiteten den Phönix.

Tjiao-gu freute sich über alle Maßen, daß sie ihr Kleid jetzt wieder hatte. Frohen Herzens stieg sie nun den Berg hinab. Beim Abstieg sah sie weit unter sich auf dem Pfad einen Mann, der den Berg heraufkam. Wie war ihr Erstaunen und die Freude beider groß, es war Man Tsang!

Früh am Morgen schon war dieser auf die Felder gegangen und hatte von dort aus einen Elsternschwarm bemerkt,

der ein Netz in die Lüfte entführte. Voller Schreck sah er auch: auf dem Netz lag seine geliebte Tjiao-gu.
Man Tsang hatte seine Hacke niedergeworfen und war dem Schwarm nachgerannt. Wer aber kann schon einen Vogelschwarm einholen? Die Elstern waren zu schnell, und in wenigen Minuten konnte er sie nur noch als kleine schwarze Punkte in der Ferne erkennen. Wie er verzweifelt so immerzu gegen Osten eilte, die Hänge und schließlich die Berge hochkeuchte, da plötzlich stand seine Braut vor ihm. Sie konnten sich vor Freude und Staunen kaum fassen. Tjiao-gu aber berichtete nun von ihren Erlebnissen mit Djin-hua, mit den Elstern, mit der Fee, und wie sie ihr Kleid wiederbekam.
Man Tsang erzählte ihr auf dem Heimweg, daß die neue Wohnung für sie beide sauber geputzt und hergerichtet, und daß die Fensterrahmen festlich verziert seien. Alles harre nur noch der Braut. Tjiao-gu legte am Hochzeitsmorgen zum erstenmal das Kleid an, um das sie soviel Sorgen und Kummer hatte ausstehen müssen.
Die Dorfbewohner konnten sich nicht erinnern, jemals eine schönere Braut gesehen zu haben.
Tjiao-gu war als Hausfrau noch fleißiger und sparsamer als vorher. Kaum war der Tag angebrochen und der erste Vogelruf erklungen, da zog sie schon ihr buntes neues Kleid an und machte sich auf den Weg ins Feld zur Arbeit. Wurde es ihr dann heiß, zog sie es aus, faltete es zusammen und legte es an den Rand des Ackers. Immer waren dann Elstern in der Luft, die über dem Kleide ihre Kreise zogen. Tjiao-gu brauchte keine Angst zu haben, die Elstern nahmen das Kleid nicht mehr hinweg; es schien fast, als wollten sie es vor Dieben schützen.
Man Tsang mähte eines Tages Hirse auf dem Feld, und Tjiao-gu half ihm dabei. Der Tag war heiß, und die junge Frau legte ihr Kleid ab, diesmal unvorsichtigerweise an den Rand des Feldweges. Dieser Weg führte vom Dorf in

die Stadt. Dorthin hatte Djin-hua vor kurzem geheiratet, und so kam sie nun mehrfach ins Dorf, um ihre Eltern zu besuchen. Wie es der Zufall fügte, kam Djin-hua auch gerade zu dieser Zeit diesen Weg entlang und sah am Rande das bunte Kleid von Tjiao-gu. Da lag nun das Kleid, das sie immer so begehrt hatte, unbewacht vor ihr! Sie bückte sich heimlich, hob es auf und schlüpfte schnell hinein. Kaum aber hatte sie es angezogen, da brausten ungezählte Elstern, die lauernd auf den Bäumen gesessen hatten, mit Gekreisch aus der Luft herab. Mit ihren harten, spitzen Schnäbeln hackten sie auf Djin-hua ein und kratzten sie fürchterlich mit ihren scharfen Krallen. Sie hielt die Hände vors Gesicht, sie wollte auf und davon rennen, aber nichts half; sie wurde von den Vögeln entsetzlich zugerichtet. Ihre Hilferufe wurden von dem Geschrei und Krächzen der Elstern übertönt. Das gestohlene Kleid wurde ihr buchstäblich mit Schnäbeln und Krallen vom Leibe gerissen.

Die Schnabelhiebe hinterließen tiefe Wunden, und die Narben davon entstellten ihr Gesicht derart, so daß man meinen konnte, sie habe die Pocken gehabt.

Alle Leute gingen ihr aus dem Weg, so häßlich war sie geworden. Djin-huas Schwiegereltern in der Stadt hatten auch gleich davon gehört und ließen ihr bestellen, sie brauche in die Stadt gar nicht mehr zurückzukommen.

Auf dem Felde wehten inzwischen die kleinen Fetzen und Stückchen des buntbestickten Tuches im Winde wie kleine rote und grüne Schmetterlinge davon. Weit in der Ferne flatterten sie in die Wiesen und Ackerfurchen. Laub bedeckte sie bald, Regen tropfte auf sie herab, und im Winter deckte der Schnee sie zu.

Wie der Frühling nun ins Land gezogen kam, sah man überall Kräuter wachsen, die man noch niemals vorher erblickt hatte: rote Stengel, sattgrüne Blätter und feuerrote Blüten, die aussahen wie kleine Phönixvögel.

Tjiao-gu betrachtete diese Blütenpracht lange und versonnen. Sie sammelte die frischen Kräuter, pflanzte sie in ihren Garten und an die Wege beim Acker und dachte oft an die Zeit vor ihrer Hochzeit und an die Begebenheiten im Herbst zurück. Es war ihr, als hätten sich all die Gärten, Wege und Äcker mit ihrem eigenen Hochzeitskleid geschmückt. Das gab ihr großen Trost, der wie Balsam ihren Kummer über das verlorene Kleid hinwegnahm.
Seit dieser Zeit nennt man diese Blume Balsamine oder auch »Blume der Phönixfee«.

[Märchen der Han]

Das Geschenk des Drachenkönigs

Der Drachenkönig des Östlichen Meeres hatte eine Tochter, von der man nicht wußte, ob ihre Schönheit ihre Klugheit übertraf oder ob ihre Klugheit noch größer war als ihre Schönheit. Da sie bereits achtzehn Jahre alt war, hatte ihr Vater beschlossen, einen Mann für sie zu suchen. Das war leichter gedacht als getan. Kein Vorschlag fand ihre Zustimmung, der König konnte benennen, wen er wollte, alle Prinzen aus nah und fern waren nicht nach ihrem Sinn.

»Mein liebes Kind«, fragte schließlich der König, »was für einen Mann willst du denn nun eigentlich, wie muß er aussehen und welche Eigenschaften soll er haben, was muß er besitzen und welchen Rang soll er haben?«

»Mein Vater«, meinte da die schöne und kluge Tochter, »ich halte nicht Ausschau nach einem Mann mit Geld und Gut, mit Reichtümern oder einem Thron, ich will einen Mann haben, der ehrlich ist und tapfer.«

Das war etwas völlig Neues. Das hatte es im Königreich des Östlichen Meeres noch nie gegeben. Der Drachenkönig aber ließ einen Befehl an alle seine Hofleute, Minister und Offiziere hinausgehen, in dem er alle verpflichtete, einen solchen Mann für seine Tochter zu suchen.

Der Erste Minister, die Schildkröte, empfahl einen Mann seines Vertrauens, aber diesen lehnte die Königstochter sofort ab. Der Hofmarschall, die Krabbe, schlug einen anderen aus ihrem Bekanntenkreis vor, aber auch auf diesen Vorschlag ging die Prinzessin nicht ein. Eines Tages aber kam der Admiral Aal zurück von einer Besuchsreise durch

alle Flußbereiche und berichtete dem König, er habe einen Mann mit den gewünschten Eigenschaften gefunden. An diesem Mann nun zeigte die Prinzessin das größte Interesse. Der Name dieses Mannes war Ah Er, und er lebte an einer Flußschleife am Fuße eines Berges. Weit und breit war dieser Mann wegen seiner Ehrlichkeit und Tapferkeit geschätzt und beliebt. Die Eltern von Ah Er waren schon gestorben, er war unverheiratet und lebte mit seinem älteren Bruder in einer kleinen Hütte. Beide waren sie arm, wie damals ihre Eltern arm gewesen waren, aber sie fanden ihr Auskommen als Jäger in den Gebirgswäldern.
Als der Admiral diesen Mann beschrieb, huschte ein neugieriges und wohlwollendes Lächeln über die Züge der Prinzessin. Der König aber runzelte die Stirn und meinte zur Prinzessin gewandt: »Mein Kind, erstens ist die Frage, ob er auch wirklich ehrlich und tapfer ist, und zweitens gehört er nicht zu unserem See- und Wasserreich, und daher ist eine Heirat etwas ganz und gar außergewöhnlich Neues, das alles in unserem bisherigen Leben verändern wird!«
Auf diese Worte ihres Vaters hin legte sich die Prinzessin voller Groll ins Bett und war nicht mehr dazu zu bewegen, aufzustehen.
Der König wußte nicht, was er tun sollte, und konnte sich gar nicht beruhigen. Schließlich wartete der Oberste Rat, der Hummer, mit einem Plan auf, der dem König über alle Maßen gefiel.
Genau in dieser Nacht träumte Ah Er von einem alten weißhaarigen Mann, der zu ihm kam und ihm sagte: »Ah Er, komm aus dem Haus und gehe zum Ufer des Flusses, dort wartet ein Mädchen auf dich! Geh hin und frage es, ob es deine Frau werden möchte!«
Ganz aufgeregt kam Ah Er aus dem Schlafe hoch und erzählte den Traum sogleich seinem älteren Bruder. Ah Da hörte erstaunt zu, Eifersucht beschlich ihn, und er sagte zu

Ah Er: »Wie kannst du nur einem solchen Traumbild nachlaufen wollen? Das ist alles deine eigene Einbildung, die mit dir durchgeht und dir solche Träume beschert. Leg dich ruhig wieder hin und schlafe weiter!« Ah Er legte sich wieder hin und schlief ein.

Ah Da aber stand sogleich heimlich auf, stahl sich aus dem Haus und eilte zum Fluß.

Als Ah Er nach einiger Zeit wieder erwachte, war von Ah Da weit und breit nichts zu sehen. Er konnte sich nicht erklären, wo sein Bruder stecken könnte. »Vielleicht ist der Traum aber doch wahr«, dachte er bei sich, zog seine Kleider an und eilte zum Fluß. Dort kam er nur ein klein wenig später als Ah Da am Ufer an. Der Mond zeigte sich voll und silbern glänzend am Himmel, eine leichte Brise strich über den Fluß hin, und es war, als streue der Mond unzählige Silberstücke auf dem Fluß aus, so zauberhaft spiegelte sich das Mondlicht in den Wellen und brach sich tausendfältig in dem leicht gekräuselten Wasser. Glühwürmchen flogen hierhin und dorthin, und jedes trug ein kleines Laternchen mit sich. Und genau so, wie der alte Mann im Traume zu Ah Er gesagt hatte, saß ein Mädchen auf einem Stein am Flußufer und ließ sein langes schwarzes Haar ins Wasser hängen.

Das Mädchen war berückend schön. Beide, Ah Da und Ah Er, waren von der Schönheit dieses Mädchens so verzaubert, daß sie sich lange Zeit nicht zu rühren wagten. Dann aber nahmen sie sich ein Herz, traten hin zu ihm und fragten es, beide zugleich, aber jeder für sich, ob es nicht die Frau von einem der beiden Brüder werden möchte.

Das Mädchen wandte den Kopf, sah beide jungen Männer vom Scheitel bis zur Sohle genau an und sagte dann: »Welchen von euch beiden soll ich wählen? Da müßt ihr mir schon selbst sagen, welcher von euch beiden der ehrlichste und tapferste Mann wirklich ist.«

»Das bin ich!« riefen die Brüder wie aus einem Mund.

»Nun gut«, sagte das Mädchen, »ich werde einen von euch beiden zum Manne nehmen. Da ihr beide ehrlich und tapfer seid, will ich den auswählen, der mir eine leuchtende Perle bringen kann, die auch bei Nacht scheint und ihren Glanz verbreitet.«
»Aber, schönes Fräulein, wo ist bloß eine solche Perle zu finden?« fragten da die beiden Brüder.
»Eine solche Perle findet sich in den Schatzkammern des Drachenkönigs im Östlichen Meere. Wer das Reich des Drachenkönigs erreicht, dem gibt er auch ein schönes Stück aus seiner Schatzkammer als Geschenk. Und da kann ein Besucher auch diese Perle als Geschenk erbitten. Ich werde jedem von euch ein Beil geben, mit dem ihr im Meer leicht das Wasser teilen und euch einen Weg zum Drachenkönig im Östlichen Meer bahnen könnt.«
Mit diesen Worten händigte sie jedem der beiden Brüder ein kleines Beil aus. Die beiden Brüder verabschiedeten sich schnell, und jeder rannte davon, dem Östlichen Meer zu. Wo aber war dies zu finden? Gehört hatten sie schon davon, aber keiner hatte es je gesehen. Wie weit mochte es entfernt sein? Keiner der beiden wußte es.
Ah Da lieh sich ein Pferd und ritt auf ihm im Galopp die große breite Hauptstraße entlang.
Ah Er aber nahm nur eine kleine Strohmatte von zu Hause mit, warf sie sich über die Schulter als Schutz gegen Regen, Schnee und Hagel – und schlug einen schmalen Pfad entlang des Flusses ein.
So wanderten sie lange, jeder auf seinem Weg. Beim Morgengrauen brachen sie auf, in der Abenddämmerung machten sie Rast. Eines Tages kam Ah Da zu einem Dorf, das durch eine Überschwemmung ziemlich mitgenommen war. Viele Felder standen unter Wasser, und in viele Häuser konnte man mit Booten durch die Tür und in viele Scheunen durch das Tor hineinpaddeln. Die älteren Leute und die Kinder hatten in den Bergen Zuflucht gesucht,

während die jungen Männer in kleinen Booten ihre Habe in Sicherheit zu bringen versuchten.
Das Dorf lag in einem tiefen Tal. Ein Wildbach aus den Bergen hatte nach einem Wolkenbruch diese Überschwemmung verursacht. In wenigen Tagen war der Bach zu einem reißenden Strom angeschwollen, und der entstandene Wasserfall brachte dem Dorf das große Unglück.
Nach drei Tagen war das Wasser immer noch nicht zurückgegangen. Die Leute wußten, daß die Erde verderben und die Häuser zusammenfallen mußten, wenn das Wasser nicht bald sinken würde. »Einer von uns muß zum Drachenkönig gehen und seinen goldenen Schöpfer ausleihen«, sagten die alten Leute, »damit allein können wir das Wasser aus dem ganzen Tal schöpfen und unsere Häuser und Felder retten!«
Wer aber wagte es, die schwierige Aufgabe anzupacken? Keiner wollte sich melden. Als sie alle hin und her berieten, kam Ah Da auf seinem Pferd in das Tal geritten. Er hatte inzwischen sein letztes Stück Brot aufgegessen und hielt Ausschau, wo er seine Vorräte wieder auffüllen könnte.
Wie er die Bauern über ihre Lage klagen und beraten hörte, kam ihm ein kluger Gedanke in den Kopf. »Wißt ihr was?« sagte Ah Da, »ihr verschafft mir etwas Brot, und ich hole euch den goldenen Schöpfer vom Drachenkönig im Östlichen Meer, denn ich bin eben unterwegs dahin!«
Diese Nachricht und dieses Angebot versetzte die Bauern in einen wahren Freudentaumel. Sie schleppten alle Brote zusammen, die sie hatten, gaben sie Ah Da mit auf den Weg und brachten ihn in einem Boot auch sicher und trokken über den Fluß.
Zwei Tage später langte auch Ah Er in dem gleichen Dorfe an. Schon lange hatte er kein Brot und keine anderen Vorräte mehr. So lebte er von Beeren, die er pflückte, und von

wilden Tieren, die er auf seiner Reise da und dort sah und erlegte.
Wie Ah Er nun die jungen Männer die letzte Habe aus ihren Häusern bergen sah, packte er sofort mit an, half nach Kräften und arbeitete mit ihnen Stunde um Stunde. Und er hörte ebenfalls von ihnen, daß man den goldenen Schöpfer brauche, um das Wasser aus dem Tal schöpfen zu können.
»Zu dem Drachenkönig im Östlichen Meer bin ich gerade unterwegs«, sagte Ah Er, »da kann ich ja für euch den goldenen Schöpfer entleihen.«
Die Bauern waren nun etwas ratlos. Zwei Tage vorher war doch schon ein Mann da gewesen, der diese Aufgabe für sie übernommen hatte. Und nun war noch ein zweiter Helfer gekommen, der auch auf dem Weg zum Östlichen Meer war. Dem ersten Mann hatten sie sogar alle ihre Brote gegeben, der zweite aber hatte gar den ganzen Tag mit ihnen gearbeitet, er sah ehrlich und vertrauenerwekkend aus, und so erzählten die Bauern gar nichts über den ersten, der zu ihnen gekommen war, sie wollten ganz sichergehen und sagten zu dem, der vor ihnen stand: »Junger Mann, wir legen die ganze Sache in deine Hände, wir hoffen, daß du uns nicht vergessen wirst, wenn du beim Drachenkönig bist.«
»Da könnt ihr ganz unbesorgt sein«, meinte Ah Er, »wenn ich hinkomme, dann borge ich auch den goldenen Schöpfer für euch!«
Die Bauern wollten ihn nun über den Fluß rudern, aber Ah Er lehnte höflich ab, nickte zum Abschied ihnen allen nochmals zu, tauchte ins Wasser ein und schwamm davon.
Als er an der Flußmündung die Küste des Östlichen Meeres erreichte, saß Ah Da bereits dort und wartete auf ihn.
Unendlich weit dehnte sich das Meer, schrecklich heulte der Wind über die Wogen, die unaufhörlich gegen die Kü-

ste brandeten. An den großen Felsenklippen an der Küste spritzte die Gischt hoch, ein Tosen erfüllte den Strand, ein Brausen und Zischen, daß man sein eigenes Wort kaum verstand.

Ah Da war von großer Furcht beschlichen, und er wagte sich nicht in die Fluten. Kleinlaut fragte er Ah Er, ob er nicht vorangehen und als erster den Einstieg in die Wellen wagen wollte. Ohne das geringste Zögern tauchte Ah Er in das Wasser ein. In einer Hand hielt er das kleine Beil, das er von dem Mädchen bekommen hatte.

Zu seinem Erstaunen und zu seiner Freude sah Ah Er, wie sich das Wasser teilte, zu beiden Seiten zurückwich und ihm einen breiten Weg hinunter in die Tiefe freigab. Mit geschlossenen, vor Furcht zusammengekniffenen Augen folgte ihm Ah Da auf den Boden des Meeres. Bald kamen sie beim Palast des Drachenkönigs an und standen nun etwas ratlos vor dem großen Tor.

Die Wächter aber kamen und fragten sie nach ihrem Begehr. Als sie sagten, sie kämen zu einem Besuch des Drachenkönigs selbst, wurden sie bereitwillig empfangen und zum König geführt.

Der Herrscher des Meeres schien sehr erfreut, sie beide zu sehen, und nahm sie mit in seine Schatzkammer.

»Hier könnt ihr euch umsehen«, sagte der Drachenkönig, »sucht euch ein schönes Stück zum Andenken an diesen Besuch aus! Es gilt allerdings hier unten eine uralte Regel: Jeder kann nur ein Stück aussuchen und mitnehmen!«

Da war nun wirklich die Wahl schwer. In einem weiten Raum mit gewaltigen Gewölben hingen kostbare Geschmeide an den Wänden. Gold- und Silbergefäße standen auf den Tischen, Edelsteine glänzten, Perlen schimmerten, die Farbenpracht war unbeschreiblich.

Ah Da fiel sofort eine Reihe von Perlen auf, deren blendendes Licht den ganzen Raum erfüllte. Sofort nahm er die größte Perle an sich und versteckte sie sogleich in seinem Säckchen, das er auf dem Rücken trug. Er sah Goldbarren liegen und wollte auch diese haben. Er sah goldene Zepter und hätte auch diese gerne mitgenommen. Das Licht der Perle aber drang aus seinem Säckchen auf dem Rücken. Die Wächter sahen dies und sagten, daß er bereits ein Stück in seinem Gepäck hätte, ein zweites nach altem Brauch nicht mitgenommen werden könne.

Als nun Ah Er in die Schatzkammer kam, bemerkte er sehr wohl die schimmernden Perlen überall, aber er nahm keine von ihnen, denn er wollte sein Versprechen halten und den goldenen Schöpfer für die Bauern ausleihen. Die Wächter nickten und händigten ihm den goldenen Schöpfer aus.

Der Drachenkönig lud die beiden Brüder ein, noch einige Tage bei ihm zu verbringen, beide aber lehnten dankend ab. Da ließ es sich der König nicht nehmen, beide bis an die Grenzen seines Königreiches persönlich zu begleiten.

Als sie die Küste erreichten, bestieg Ah Da sofort sein Pferd, knallte mit der Peitsche und galoppierte davon. Bald kam er auch wieder zu dem überfluteten Dorf in dem tiefen Tal. Das Wasser war immer noch nicht zurückgegangen, viel von der Ernte war schon verdorben, und viele Häuser waren schon zusammengestürzt. Die Bauern erwarteten ihn bereits am Dorfrand. Als er näher ritt, umringten sie ihn und riefen aufgeregt: »Wo ist der goldene Schöpfer?«

»Der Drachenkönig hat es abgelehnt, mir den Schöpfer zu geben«, log Ah Da, »ich konnte machen, was ich wollte, er gab den goldenen Schöpfer nicht heraus.«

Mit diesen Worten gab er seinem Pferd die Fersen und galoppierte davon. Am nächsten Tag traf Ah Er in dem Dorf ein. Schon in den Bergen rief er den Leuten zu: »Kommt schnell herunter ins Tal, ich habe den goldenen Schöpfer für euch ausgeliehen!« Voll der Freude stiegen alle von den Bergen herunter.

Mit Ah Ers Hilfe ging es nun ans Wasserschöpfen. Mit

dem goldenen Schöpfer war es möglich, das Wasser auf wunderbare und geheimnisvolle Weise verschwinden zu lassen. Mit dem ersten Aushub verschwand bereits das Wasser in den Häusern. Als sie den Schöpfer ein zweites Mal füllten, kamen die überfluteten Felder wieder hervor, und mit der dritten Schöpfkelle voller Wasser verschwand die gesamte Überschwemmung aus dem Tal. An der tiefsten Stelle aber kam eine große Auster zum Vorschein, die hier im Wasser gelegen hatte. Die Bauern öffneten sie, und hervor kam eine große dunkle Perle. Die Bauern sagten daraufhin zu Ah Er: »Wir möchten so gerne unsere Dankbarkeit beweisen, aber wegen der Überschwemmung haben wir nichts mehr, was wir dir schenken könnten. So nimm wenigstens diese Perle zum Andenken an uns mit auf deinen Weg!«

Dies konnte Ah Er nicht ablehnen, dankte den Bauern und verabschiedete sich von ihnen. Nun hatte er zwar keine blendende Perle aus dem Reiche des Drachenkönigs in seinem Gepäck, aber er hatte das gute Gefühl, anderen Menschen wirklich geholfen zu haben, und darüber war er sehr glücklich. Die dunkle Perle wollte er gerne als Andenken behalten.

Ah Da kam mehrere Tage früher als sein jüngerer Bruder zu Hause an. Er fand das schöne Mädchen sogleich wieder auf dem Stein über dem Wasser am Flußufer und holte lachend die schimmernde Perle vor ihr aus seinem Gepäck.

Mit einer Verbeugung übergab er ihr die Perle und drängte sie dann ungeduldig, ihm das Jawort für die Hochzeit nun zu geben. Das Mädchen aber gab zu bedenken: »Laß uns bis heute abend warten, dann erst werden wir sehen, ob es die richtige Perle ist!«

Mit diesen Worten reichte das schöne Mädchen die Perle wieder Ah Da zurück, der sich enttäuscht und unsicher erst einmal in seine Hütte zurückzog.

Sehr früh am Abend ging er hinunter zum Fluß und setzte sich an einer Stelle am Wasser nieder, an der ihn das Mädchen nicht sehen konnte. Vorsichtig nahm er die Perle aus seinem Säckchen und wartete darauf, daß sie in der beginnenden Dämmerung ihren Schein verbreiten sollte. Die Perle aber schien ihren Schein vollkommen verloren zu haben. Ah Da rieb die Perle in seinen Händen, er putzte sie mit den Ärmeln seines Gewandes, er hielt sie vor sich, er hielt sie dem heraufkommenden Mond entgegen, nichts half, die Perle blieb stumpf und dunkel und gab keinen Schein von sich.

In seiner Verzweiflung und in seinem Zorn warf Ah Da die Perle schließlich auf die Erde und trat in seiner Wut auf sie. Da zerbrach sie. Eine eitrige Flüssigkeit entströmte ihr, übelriechend und stinkend. Da wußte Ah Da, daß er verloren hatte.

Am dritten Tag langte auch Ah Er am Flußufer an, suchte das Mädchen auf dem Stein am Wasser auf, verbeugte sich vor ihr und sagte: »Entschuldigt vielmals, schönes Fräulein, ich konnte die leuchtende Perle nicht erhalten, die Ihr erbeten habt!«

»Und was hast du in deinem kleinen Säckchen auf dem Rücken?« fragte das Mädchen.

»Das ist nur ein kleines Geschenk. Es ist eine ganz gewöhnliche Perle!«

Ah Er nahm die Perle aus dem Säckchen und hielt sie prüfend in seinen Händen. Die Perle war dunkel und gab nicht den geringsten Schein von sich.

»Selbst die Felsen hier am Fluß sind heller und leuchtender als diese Perle da«, sagte Ah Da, der aus Neugierde nun auch herangekommen war. »Laßt uns bis heute abend warten, dann erst werden wir sehen, was für eine Perle es ist«, sagte das schöne Mädchen.

Ah Er nahm die Perle wieder an sich und versprach, nach Einbruch der Dunkelheit wiederzukommen.

Ah Da war neugierig und mißgünstig zugleich. Hinter Büschen verborgen, konnte er es kaum erwarten, bis die Dunkelheit angebrochen war und Ah Er wieder erschien.
Der jüngere Bruder holte die Perle aus seinem Säckchen und wäre vor Erstaunen fast auf den Rücken gefallen. Die Perle begann zu leuchten wie der aufgehende Mond. Es war ein so starkes Leuchten, daß der Fluß ganz erhellt schien und die Landschaft ringsum in Silberlicht getaucht war.
Das schöne Mädchen nahm die glänzende Perle und hob sie in die Höhe. Blendendes Licht verbreitete sich ringsum.
Ah Er hatte selbst im Palast des Drachenkönigs kein so wunderbares Licht gesehen.
Ah Da dagegen schloß die Augen vor dem durchdringenden Glanz dieser Perle, und als er sie öffnete, sah er vor sich einen goldenen Palast, der sich in dem Silberlicht zu erheben schien. Auf der Spitze des Daches aber, so schien ihm, leuchtete die schimmernde Perle.
Das schöne Mädchen und Ah Er, so sah er genau, schritten die Stufen zu diesem Palast hinan. Beide waren sie in glänzende Gewänder gekleidet, und beide hielten sich an den Händen. Beide waren sie auf dem Wege zu ihrer Hochzeit.
Ah Da, rot vor Eifersucht, eilte ihnen nach, aber die Wachen des Palastes hielten ihn fest und sagten ihm, zu diesem Fest sei er nicht geladen.

[Märchen der Han]

Das Aprikosenmädchen

Vor langer, langer Zeit lag einmal an den Ufern des Westsees ein kleines Dörfchen mit Namen Aprikosenblüte. In diesem Dorf lebte ein hübsches Mädchen, das die Dorfbewohner einfach Aprikosenmädchen nannten. Es hütete die Wasserbüffel seines Vaters und ließ die guten Tiere in den Uferweiden ihr Futter suchen. Immer paßte es gut auf die Herde auf. Eines schönen Tages im frühen Sommer, als die Aprikosen gereift und die Bäume voller süßer Früchte und die Lüfte voller guter Düfte waren, fiel eine große Aprikose vom Baum vor das Aprikosenmädchen, die es im Grase auflas und essen wollte.

Da hörte es plötzlich eine Stimme sagen: »Bitte, beiße mich nicht, esse mich nicht, laß mich gehen!«

Sie blickte um sich, sah aber niemanden. Erschrocken ließ sie die Aprikose fallen. Genau an jener Stelle, an der die Aprikose auf den Boden gefallen war, wuchs plötzlich eine wunderschöne Frau aus der Erde, angetan mit einem seidenen aprikosenfarbenen Gewand.

»Fürchte dich nicht, ich bin die Aprikosengöttin«, sagte die Frau. Dann nahm sie eine goldene Haarnadel aus ihrem Haar und gab sie dem Aprikosenmädchen.

»Du bist ein gutes Mädchen, das hart arbeitet, ich möchte dir diese goldene Haarnadel geben. Wenn du jemals in Not kommst, dann klopfe mit dieser Haarnadel an irgendeinen Gegenstand und rufe dann die Aprikosengöttin dreimal, dann will ich kommen und dir helfen.«

Und in einer Rauchwolke flog die Göttin in den Lüften davon, und siehe, eine große Aprikose erhob sich vom

Grund und flog empor zu dem Baum, wo sie wiederum als schöne rötlichgoldene Frucht glänzte.
Das Aprikosenmädchen wuchs heran und heiratete schließlich den neunten Sohn der Sung-Familie. Diese Familie war aber so groß, daß sich bald da und dort allerlei Ärger zeigte.
Weil Aprikosenmädchen den Eltern ihres Mannes am besten zur Hand ging und auch die hilfreichste von allen Schwiegertöchtern war, erregte sie bald in ihren Schwägerinnen brennende Eifersucht.
An einem schönen Sommertag wollte Aprikosenmädchen eine sehr gute Mahlzeit für die ganze Familie kochen. Als sie gerade den großen Reistopf vom Ofen holte und eine Schüssel Bohnenkäse auf die Herdplatte stellte, kam ihre älteste Schwägerin in die Küche hereingestürmt und bat sie, ihr beim Nähen zu helfen. Kurz danach kam ihre zweite Schwägerin in die Küche und bat sie um eine andere Gefälligkeit, so daß Aprikosenmädchen den Topf mit dem Bohnenkäse nicht rechtzeitig vom Feuer nehmen konnte und die ganze schöne Mahlzeit anbrannte. Aprikosenmädchen kam zu spät. In der Küche roch es nach angebranntem Essen. Die Schwägerinnen standen um den Herd herum und lachten einander zu. Sie warteten gespannt, was nun geschehen würde.
Aber ohne ein Wort zu sagen, füllte Aprikosenmädchen Wasser in die beiden Töpfe nach, rührte ein bißchen in ihnen herum und ging dann schweigend hinaus. Am Mittag halfen die kleinen Kinder der Schwägerinnen Aprikosenmädchen den Tisch decken. Ihre Mütter standen daneben mit erwartungsvollem Lächeln auf den Lippen. Sie dachten schon an die bösen Mienen und an die Schimpfworte der Männer, die nun ein angebranntes Essen vorfinden würden.
Aprikosenmädchen einmal schamrot oder gar weinend zu sehen, das war es, was sie sich nun ausrechneten.

Als alle am Tisch saßen, brachte Aprikosenmädchen die Speisen herein und sagte mit einem breiten Lächeln: »Ich habe heute etwas Neues gekocht. Es ist ein heißer Tag. Zuerst bekommt ihr gerösteten Reisschleim gegen den Durst und dann noch etwas Neues obendrein. Es ist die zweimal gekochte Bohnenkäsesuppe. Ich hoffe, daß euch beide Speisen gut munden.«
Die Brüder und die Kinder fielen heißhungrig über den Reis und den Bohnenkäse her, und in wenigen Minuten war die ganze Mahlzeit aufgegessen. Die Köchin wurde mit hohem Lob bedacht.
Seit dieser Zeit wagten die Schwägerinnen Aprikosenmädchen nichts mehr zu sagen. Sie gingen ihr nunmehr bei der Hausarbeit zur Hand, fragten sie um ihren Rat, hielten sich an ihre Entscheidungen und ließen sich von ihr nunmehr willig leiten.
Aprikosenmädchen stand dem Haushalt mit Sorgfalt und Mühe vor, und in der ganzen Familie gab es keinen Ärger und keinen Streit mehr. Die Erwachsenen sorgten sich für die Kinder, und umgekehrt gehorchten die Kinder ohne Widerworte den Älteren.
Aprikosenmädchen war aber auch gut zu ihren Nachbarn und daher bei ihnen sehr beliebt. Sie war immer zur Stelle, wenn es irgendwo etwas zu tun und zu helfen gab.
So hörte schließlich auch der Kaiser von dieser freundlichen und hilfsbereiten jungen Frau. Er beschloß, sie einer kleinen Prüfung zu unterziehen, und schickte einen hohen Beamten mit einer einzigen Mandel zum Hause der Familie Sung.
Als der Beamte die Stadt Hangtschau erreicht hatte, verlas er feierlich der ganzen Familie das Dekret des Kaisers. Es galt, die Mandel gleichmäßig auf alle Köpfe der Familie zu verteilen.
Jeder, außer Aprikosenmädchen, war sprachlos über diese Forderung.

Aprikosenmädchen aber sagte höflich: »Ich bedanke mich sehr, daß Ihr das Dekret des Himmelssohnes verlesen habt. Ich bitte Euch aber, ein kleines Weilchen in der Halle Platz zu nehmen und einige Minuten zu warten. Ich will einmal sehen, wie wir die Mandel gleichmäßig verteilen können.«

Aprikosenmädchen ging in den Innenhof und baute dort einen kleinen Ofen auf. Sie brachte einen Kessel Wasser zum Kochen und legte die Mandel mit einem Stück braunem Zucker hinein. Nach kurzer Zeit schon brachte sie jedem Mitglied der Familie eine Tasse von diesem Mandelwasser. »Ich nenne es Mandeltee«, sagte sie zu dem königlichen Beamten. »Er ist gut für die Gesundheit, vor allem an heißen Tagen.«

Der Beamte berichtete seinem Kaiser: »Aprikosenmädchen ist nicht nur eine außergewöhnlich kluge und hilfswillige junge Frau, sondern sie ist darüber hinaus auch noch eine ausnehmende Schönheit.«

Dies beeindruckte den Kaiser, und er befahl seinem Beamten und dreitausend Wachsoldaten, Aprikosenmädchen in seinen Palast zu bringen, denn er wollte sie zu seiner Nebenfrau machen.

Als die Wachsoldaten das Haus der Sung erreicht hatten, verboten sie jedermann, hineinzugehen oder herauszukommen.

Der Beamte eröffnete der Familie, daß Aprikosenmädchen sogleich mit ihnen zum kaiserlichen Palast zu gehen habe.

Frauen und Kinder waren entsetzt und weinten. Die Frauen versuchten, Aprikosenmädchen vor den Soldaten zu schützen, und formten einen Ring von Menschen um sie. Die Männer hielten dem kaiserlichen Beamten vor, es sei ihre wichtigste Stütze im Haushalt, und der Kaiser könne sie doch ihrer Hilfe nicht berauben wollen.

Aber Aprikosenmädchen sagte mit sanfter Stimme zu dem

Beamten: »Bitte, wartet ein paar Minuten. Ich will meine Kleider wechseln. In solch einem schäbigen Aufzug kann ich nicht vor meinen Herrscher treten.«
In ihrem Zimmer nahm Aprikosenmädchen jedoch die goldene Haarnadel aus ihrem Haar, klopfte damit einige Male auf die Tischkante und rief dreimal die Aprikosengöttin.
Als die Göttin erschien, sagte Aprikosenmädchen: »Die Frage, vor der ich stehe, berührt meine ganze Familie. Der Kaiser hat seine Wachen gesandt, die mich zu ihm bringen sollen, denn ich soll seine Nebenfrau werden. Was kann ich in dieser Lage nun tun?«
Die Aprikosengöttin war sehr ärgerlich, als sie dies hörte. Sie sagte: »Der sicherste Platz für dich ist tief unter dem Wasser auf dem Boden des Westsees. Ich kann deine ganze Familie dorthin bringen, und zur gleichen Zeit die gesamte kaiserliche Gesandtschaft hinwegfegen.«
Die Göttin warf die Arme in die Luft und bewegte ihre weiten Ärmel hin und her und erzeugte damit nicht nur einen starken Luftzug, sondern ganze Wirbel in der Luft. Wenig später schwollen diese Wirbel zu einem brausenden Taifun an und fegten den Beamten mit allen seinen Wachen durch die Luft in die östliche See. Zur selben Zeit wurde auf wundervolle Weise die Sung-Familie mit allen ihren Besitztümern auf den Boden des Westsees getragen.
Nachdem der Taifun vorübergezogen war, kamen die Nachbarn zusammen und sahen nur noch, daß auf dem Platz, auf dem einst das Haus der Sung gestanden hatte, nun flaches, weites Land sich ausdehnte. Sie trauerten alle über das Los dieser Familie.
Lange Zeit später verlor einmal ein Bauer seinen hölzernen Pflug auf dem Felde. Er konnte ihn nirgendwo finden und wußte nicht, wo er hingekommen war.
»Ich wünschte, Aprikosenmädchen wäre hier. Sie würde mir helfen. Sie würde meinen Pflug schon finden.«

Was war das? Plötzlich tauchte auf der Mitte des Westsees ein hölzerner Pflug auf, glitt mit großer Geschwindigkeit über die schimmernde Wasserfläche, hielt geradewegs auf den Bauern zu und verfing sich im Schilf am Ufer. Mit Hilfe einiger Nachbarn zog der Bauer den Pflug aus dem Wasser, spannte seine Wasserbüffel davor und pflügte damit sein Reisfeld besser als je zuvor.

Seit dieser Zeit schauen die Leute im frühen Sommer, wenn die Aprikosen reifen, auf den See hinaus, und wenn sie Hilfe brauchen, rufen sie bis zum heutigen Tage das Aprikosenmädchen vom Boden des Sees.

Und vielen hat das Aprikosenmädchen seither schon geholfen.

[Märchen der Han]

Die Strahlenperle

Vor alters wohnte an den Ufern des Ganlan-Sees eine arme Witwe mit ihrem Sohn. Der junge Mann war sehr fleißig und half seiner alten, gebrechlichen Mutter im Hause, wo er nur konnte. Vom Gutsherrn hatten sie ein Stück Land gepachtet, das der junge Mann allein bestellte. Von früh bis spät rackerte er sich ab und plagte sich Jahr für Jahr – aber die beiden blieben so arm wie zuvor. Der Jüngling grübelte lange nach. »Warum leben wir denn immer in solchem Elend? Mühe ich mich nicht genug im Schweiße meines Angesichts? Warum ist dieses Leben so arm und trübselig? Warum ist auch der Ganlan-See so trübe, obwohl er von frischen und klaren Quellen der Berge gespeist wird? Vielleicht hängt gar eines mit dem anderen zusammen. Wie kommen wir bloß aus dieser Armut und aus diesem Elend heraus?«

Alle diese Gedanken gingen dem Jüngling durch den Kopf, und an vielen Tagen sann er darüber nach. Da hörte er einmal die Leute im Dorfe von einem weisen Greis erzählen, der im fernen Westen wohne und der allen Notleidenden und Bedrängten Rat und Auskunft erteile. Der weise Alte aber, so hörte er, wohne so weit entfernt, daß bisher keiner vom Ganlan-See zu ihm gelangt sei.

Der Jüngling überlegte nicht lange: diesen Weisen mußte er aufsuchen. Er war ein Hitzkopf, und was er sich vornahm, das führte er auch sogleich aus. Ohne seiner alten Mutter zu erzählen, wie weit die Reise ihn wirklich führe, verabschiedete er sich von ihr am nächsten Morgen und eilte davon.

Er wußte, seine Mutter hatte noch Vorräte im Hause und brauchte eine geraume Zeitlang nicht zu hungern. Auch das hatte er sich überlegt, denn er hatte ein gutes Herz. Sieben mal sieben Tage war er schon gegangen, aber der ferne Westen war immer noch nicht erreicht. Am Abend des neunundvierzigsten Tages seiner Reise kam er zum Hause einer alten Frau.Er verschmachtete fast vor Durst, aber die Frau lud ihn freundlich in ihre Stube ein und setzte ihm Speise und Trank vor. Er ließ es sich tüchtig schmecken. Da fragte ihn das alte Mütterchen, wohin er denn in solcher Hast und Eile unterwegs sei. »Den alten Weisen im Westen will ich aufsuchen«, antwortete der Jüngling, »ich möchte wissen, warum die Armut bei uns denn gar kein Ende nehmen will, obwohl ich mich Tag für Tag abmühe. Und warum der Ganlan-See so trübe ist, obwohl er von frischen und klaren Quellen der Berge gespeist wird.« Die alte Frau machte große Augen, als sie dies hörte.

»Junger Mann, zum weisen Greis im Westen gehst du! Eine lange Reise! Da kannst du mir aber einen großen Gefallen tun. Ich habe nämlich eine Tochter, die hübsch und klug ist, aber nicht sprechen kann. Denk dir nur, sie ist schon achtzehn Jahre alt, aber sie hat noch nie ein Wort über die Lippen gebracht. Kannst du den alten Weisen nicht fragen, was ihr die Zunge lähmt?«

Der Jüngling versprach der alten Frau bereitwillig, diese Frage an den Weisen zu stellen. Die Frau schlug ihm ein Nachtlager auf, der müde Wanderer schlief tief und fest und wanderte fröhlich am anderen Morgen weiter.

Wieder ging er sieben mal sieben Tage. Bei Einbruch der Dunkelheit kam er müde und erschöpft zum Haus eines alten Mannes, der ihn bewirtete und in seinem Hause schlafen ließ.

»Du hast es aber eilig«, sagte der Alte, »wohin geht denn die Reise, junger Mann?«

»Ihr habt sicherlich von dem alten Weisen im Westen gehört. Zu ihm will ich gehen und ihn fragen, warum denn die Armut bei uns gar kein Ende nehmen will, obwohl ich mich Tag für Tag abmühe. Und warum der Ganlan-See so trübe ist, obwohl er von frischen und klaren Quellen der Berge gespeist wird.«
Als der Alte dies hörte, schlug der die Hände zusammen und rief:
»Das trifft sich aber gut! Du kannst den alten Weisen dann ja auch fragen, warum in meinem Garten die Orangenbäume nur Blätter treiben, aber keine Früchte tragen.«
Der Jüngling versprach dem alten Mann, seine Frage beim Weisen im Westen vorzubringen, schlief tief und fest und brach am nächsten Morgen frohen Mutes auf und wanderte gen Westen.
Er hatte eine gute Strecke schon wieder zurückgelegt, da kam er eines Tages um die Mittagsstunde an einen gewaltigen Strom, der mächtig angeschwollen war. Der Jüngling setzte sich auf einen Felsblock und starrte ratlos in die tosenden Fluten. Keine Furt war zu sehen, und eine Fähre gab es auch nicht. Wie sollte er da bloß hinüberkommen? Da zogen schwarze Wolkenschwaden über den Himmel, und ein Sturm erhob sich. Der Fluß begann zu toben. Nicht weit entfernt von dem Felsblock, auf dem der Jüngling saß, zischte brausend ein Wasserschwall empor. Der Jüngling erschrak: Ein Drache erschien plötzlich im Fluß – schillernd und gleißend – und schlängelte sich tanzend und wiegend über die Wellen.
»Wohin des Weges, junger Mann?« brüllte der Drache.
»Zum weisen Greis im Westen will ich«, erwiderte der Jüngling mit fester Stimme, »ich möchte von ihm wissen, warum denn die Armut bei uns gar kein Ende nehmen will, obwohl ich mich Tag für Tag abmühe. Und warum der Ganlan-See so trübe ist, obwohl er von frischen und klaren Quellen der Berge gespeist wird.«

»Ein Glück, daß ich dich treffe«, rief der Drache, »frag den alten Weisen dann doch auch, warum ich mich immer noch nicht in den Himmel erheben kann, obwohl ich schon tausend Jahre lebe und noch nie Mensch und Tier ein Leid angetan habe.«
Treuherzig sagte der Jüngling: »Ich verspreche es dir, ich werde den alten Weisen danach fragen!«
Der Drache kam ans Ufer, ließ den Jüngling auf seinen Rücken sitzen und brachte ihn wohlbehalten über den Strom.
Viele Tage wanderte er weiter gen Westen, bis er endlich zu einer wundersamen alten Stadt kam. Über den Zinnen und Türmen erhob sich ein mächtiger Palast. Der Jüngling erkundigte sich beim Wächter am Tor des Palastes, wo er den alten Weisen des Westens finden könne und erfuhr, daß er am Ziele seiner Reise angelangt sei. Man geleitete ihn in eine prachtvolle Halle, in deren Mitte auf einem goldenen Stuhl ein alter Mann mit schneeweißem Bart saß. Der Alte lächelte so gütig und freundlich, daß der Jüngling sogleich wußte, daß er den alten Weisen vor sich hatte.
Mit wohlwollendem Lächeln fragte ihn der Alte: »Was führt dich zu mir, mein Sohn?«
»Ehrwürdiger Vater, ich möchte Euch bitten, mir vier Fragen zu beantworten.«
Der Alte lächelte und sagte: »Wohlan, du darfst mich fragen!«
Mit einem Male aber wurde seine Miene ernst: »Vier Fragen sagtest du, mein Sohn? Das geht leider nicht. In diesem Lande gilt das Gesetz, daß nur Fragen in ungerader Zahl gestellt werden dürfen, entweder eine oder drei – zwei oder vier Fragen darfst du leider nicht vorbringen. Überleg also genau, welche von deinen vier Fragen minder wichtig ist und weggelassen werden kann.«
Da saß nun der arme Jüngling in einer argen Zwickmühle. Was war jetzt zu tun? Sollte er seine eigene Frage stellen,

oder die drei, die man ihm aufgetragen hatte? Eine tiefe Unruhe ergriff ihn, und er überlegte hin und her. Wie gerne hätte er seine Frage vorgebracht, aber er wollte die alte Frau, den alten Mann und den Drachen nicht enttäuschen. Hatten sie ihn nicht freundschaftlich aufgenommen? Hatte der Drache ihm nicht über den reißenden Strom getragen? Kurz entschlossen ließ er seine eigene Frage fallen und stellte die anderen, die ihm aufgetragen wurden.

Der alte Weise beantwortete die drei Fragen voll und ganz und zu seiner größten Zufriedenheit. Der Jüngling bedankte sich vielmals und trat frohen Herzens die Rückreise an.

Als er von ferne den Fluß donnern hörte, war er glücklich, dem Drachen eine gute Nachricht bringen zu können. Der Drache wartete schon am Ufer und rief: »Nun, hast du ihm meine Frage vorgetragen, was spricht der Greis?«

»Der alte Weise läßt dir sagen, du könntest sogleich in den Himmel auffahren, wenn du noch die letzte Tat vollbringst, die dir zur Erlösung fehlt. Die vorletzte Tat habest du schon vollbracht, als du mich auf deinem Rücken über den Strom getragen hast.«

»So sprich doch! Welche letzte Tat?« rief der Drache ganz aufgeregt.

»Der alte Weise sagt, du müßtest dir die Strahlenperle ausreißen, die du auf der Stirn trägst.« Der Drache brachte den Jüngling wieder auf dem Rücken über den Strom und bat ihn dann, ihm die Strahlenperle abzunehmen. Kaum war dies geschehen, da wuchsen dem Drachen Hörner aus der Stirn und er erhob sich in die Lüfte. Ehe er ganz in den Wolken verschwand, wandte er sich noch einmal herab und rief: »Junger Mann, die Perle schenke ich dir zum Dank für deine freundliche Hilfe. Du darfst sie behalten!«

Mit diesem kostbaren Geschenk in der Tasche wanderte der junge Mann weiter und kam nach einiger Zeit zu dem

Haus jenes gastfreundlichen Alten, der schon ungeduldig auf ihn wartete: »Junger Mann, hast du dem alten Weisen von meinen Orangenbäumen erzählt?«
»Gewiß doch«, entgegnete der Jüngling. »Am Grund des Teiches in deinem Obstgarten liegen neun Krüge voll Silber und neun Krüge voll Gold vergraben. Das läßt er dir sagen. Du brauchst sie nur herauszuholen, dann sprudelt frisches Wasser aus dem Boden. Mit diesem Wasser sollst du deine Orangenbäume begießen; dann werden sie Früchte tragen.«
Der Alte rief sogleich seinen Sohn herbei. Zu dritt schöpften sie nun das Wasser aus dem Teich im Obstgarten und gruben und schaufelten und schwitzten gehörig dabei. Von den Krügen war nirgendwo etwas zu sehen. Sie trauten aber den Worten des alten Weisen und schaufelten geduldig weiter, bis sie endlich, tief unten, auf achtzehn Krüge stießen. Neun waren voll Silber und neun voll Gold. Kaum hatten sie die Krüge heraufgeholt, da sprudelte auch schon eine Quelle aus dem Grund. Es war reines, kristallklares Wasser, mit dem sich bald der Teich bis zum Rand gefüllt hatte.
Der Alte schöpfte nun das Wasser aus dem Teich und begann, seine Bäume damit zu begießen.
Und siehe da, wo immer auch nur ein Tropfen auf ein Zweiglein spritzte, da wuchs augenblicklich eine Orange daran und war auch schon im Nu reif. Bald waren die Bäume über und über mit herrlichen Goldorangen beladen, die aus dem dunklen Laube verlockend hervorleuchteten.
Der Alte schlug die Hände zusammen und konnte sich vor Freude gar nicht fassen. Der Jüngling blieb noch ein paar Tage im Hause des Alten und wurde bestens und aufs herzlichste bewirtet. Als er sich wieder auf die Reise machte, gab dieser ihm noch ein gut Teil des Goldes und Silbers als Geschenk mit auf den Weg.

Mit der Strahlenperle des Drachens an seiner Brust, die Taschen voller Gold und Silber, so zog er weiter. Nach neunundvierzig Tagen kam er zum Haus der alten Frau, bei der er damals zuerst eingekehrt war. Bei der Tür schon eilte sie ihm entgegen und bestürmte ihn mit Fragen, ob er ihren Auftrag nicht vergessen und was der alte Weise gesagt habe.

»Liebes Mütterchen«, beruhigte sie der Jüngling, »ich habe die Antwort auf deine Frage. Der gute Greis läßt dir sagen, daß deine Tochter dann zu reden anfangen wird, wenn sie den Mann ihres Herzens trifft.« In diesem Augenblick trat die Tochter ins Zimmer, ein ausnehmend hübsches Mädchen. Als sie den Jüngling da stehen sah, errötete sie und fragte mit lieblichem, verschämten Lächeln: »Wer ist das, Mutter?« Das Wunder war geschehen. Das holde Kind hatte gesprochen! Die alte Frau weinte vor Freude. Die Zunge ihrer Tochter hatte sich gelöst. Und das durch den Anblick dieses stattlichen und mutigen Jünglings! Einen besseren Schwiegersohn konnte sie sich gar nicht wünschen, als diesen herzensguten und unerschrockenen jungen Mann.

»Ach, welch ein Glück ward uns beschieden«, rief sie aus und drückte ihr Töchterchen fest an ihr Herz.

»Und dieser Tag des Glückes, mein Kind, soll auch der Tag deiner Hochzeit sein.« Und so fügte die gute alte Frau zusammen, was füreinander bestimmt war.

Das junge Paar war überglücklich und verlebte die ersten Tage des gemeinsamen Lebens unter der Fürsorge der guten alten Mutter. Bald aber ging's ans Abschiednehmen. Noch war der Ganlan-See nicht erreicht. Mit seiner jungen Frau an seiner Seite, mit der Strahlenperle auf der Brust und mit Gold und Silber in den Taschen, eilte der junge Mann nun seiner Heimat zu. Was aber war dort geschehen?

Seine Mutter, die so viele Sorgen und Ängste um ihren

Sohn ausgestanden hatte und in tiefstem Kummer dahinlebte, hatte sich vor Sehnsucht nach ihm blind geweint.
Als ihr Sohn voller Stolz und Freude seine hübsche, junge Gattin hereinführte, starrte die Mutter mit leerem, erloschenem Blick sie an und strich ihr tastend über das zarte, liebliche Gesicht. Ach, wie hätte er auch nur ahnen können, was die Mutter um ihn gelitten! Das Klingen und Klirren der Münzen in seiner Hand hörte sie wohl, aber sie sah das Gold und Silber nicht.
Da ward der Heimgekehrte unsagbar traurig. Das Herz krampfte sich ihm zusammen. Ein einziger Wunsch durchglühte ihn: Ach, wenn meine Mutter wieder sehen könnte!
Wie er so in seinem Schmerz vor ihr stand, war der Glanz der Strahlenperle auf ihre erloschenen Augen gefallen. Das Licht war gleißend hell. Mit einem Mal füllten sich die Augen der Mutter mit Licht. In die Nacht der Erblindeten drangen die Sonnenstrahlen. Der Sohn lachte und weinte vor Freude. Immer wieder drehte er die Perle dicht vor ihren Augen hin und her – und nach kurzer Zeit war der Mutter das Licht der Augen voll und ganz wiedergeschenkt.
Und als der junge Mann mit der Strahlenperle an den Ganlan-See trat, da dauerte es gar nicht lange, bis die trüben Wasser durchsichtig und klar wie reinstes Kristall waren. Elend und Not verließen das Dorf, und jeder, der sich redlich mühte, blieb seit dieser Zeit nicht mehr arm.

[Märchen der Han]

Das Riesenzuckermännchen

Es waren einmal zwei Brüder. Der ältere, Lao Da, war ein habsüchtiger und niederträchtiger Mensch, der das elterliche Besitztum an sich gerissen hatte und durch Wucherei noch reicher geworden war. Der jüngere Bruder, Lao Örl, war ein aufrichtiger und guter Mensch. Vom Hab und Gut des Vaters hatte er nichts erhalten, aber er arbeitete fleißig auf den Feldern der Nachbarn und verdiente sich damit seinen Unterhalt. Eines Tages trug Lao Örl, der jüngere Bruder, zwei Eimer Sirup zu einem Straßenhändler jenseits des Berges. Kaum hatte er den Berg erklommen, da begann es zu regnen. Der Weg wurde schlüpfrig. Lao Örl verlor seinen Halt, glitt aus und rutschte und rollte mit seinen beiden Sirupeimern den Berg hinab.

Von Kopf bis Fuß war er voll mit Sirup und kam kaum wieder auf die Beine. Mit einem Mal umringte ihn eine Schar von kleinen Kobolden. Sie hielten Lao Örl für ein Zuckermännchen, begannen an ihm zu lecken und wollten ihn verspeisen.

Aufgeregt sagten die Kobolde zueinander: »Das ist ein großes Zuckermännchen. Wir sollten es mit nach Hause nehmen und dort in Ruhe Stück für Stück genießen.«

Bald hatten die Kobolde Lao Örl in ihre Höhle geschleppt und auf einen Steintisch gesetzt. Ein alter Kobold mit einem langen Horn auf der Stirn sagte zu den anderen: »Wir sollten das Zuckermännchen als Nachspeise aufbewahren. Zuerst wollen wir richtig Mittag essen.«

Er winkte einem kleinen Kobold, der ihm eine schmale Trommel herbeibrachte. Der alte Kobold sagte einen Zau-

berspruch und schlug die Trommel. Lao Örl staunte nicht schlecht, denn mit jedem Trommelschlag erschienen vorzügliche Gerichte, die lieblich dufteten. Lao Örl blieb völlig unbeweglich, beobachtete alles ganz genau und merkte sich den Zauberspruch.
Nach einem ausgedehnten Mittagsmahl gingen die Kobolde zu Tal, um ihren Schabernack und ihre munteren Streiche zu treiben.
Lao Örl kletterte vom Steintisch. Schnell nahm er die Zaubertrommel aus ihrem Versteck, verbarg sie an seiner Brust und lief schnell nach Hausse, so schnell, wie ihn seine Füße tragen konnten.
Nun hatten für Lao Örl die Sorgen ein Ende. Jeden Tag saß er am Tisch bei wunderbar duftenden Speisen.
Der ältere Bruder, Lao Da, erfuhr bald die Geschichte und machte sich nach einigen Tagen mit zwei Eimern Sirup auf den Weg in die Berge. Auf halber Höhe ließ er sich absichtlich hinfallen, beschmierte sich selbst mit Sirup und rollte mit beiden Eimern auch noch den Berg hinunter.
Bald waren die Kobolde zur Stelle und schrien aufgeregt: »Da ist ja unser Zuckermännchen, es ist uns davongelaufen, schnell zurück mit ihm in die Höhle!«
Unbeweglich saß bald Lao Da auf dem Steintisch in der Höhle der Kobolde, vernahm alles, was die kleinen Männer sprachen, und hörte auch, wie der alte Kobold mit dem langen Horn auf der Stirn sagte: »Das Zuckermännchen hat uns damals unsere schmale Trommel fortgeschleppt. Wir wollen diesmal vorsichtiger sein und aus ihm ein süßes Tränklein kochen.«
Die Kobolde warfen Lao Da in einen großen Kessel voller Wasser, stülpten einen Deckel darüber und machten großes Feuer an. Lao Da fühlte es heißer und heißer werden, bald konnte er es nicht mehr aushalten, sprang mit einem Satz aus dem Kessel und sauste zur Tür hinaus. Die Kobolde erschraken, gestikulierten wild durcheinander und

rannten dann gleich hinter dem flüchtenden Zuckermännchen drein. Bald hatten sie Lao Da wieder eingefangen.
Der Kobold mit dem Horn sagte zu seinen Freunden: »Zuerst hat er uns die Trommel fortgeschleppt, nun ist er uns wieder davongelaufen. Wir wollen ihm einen Denkzettel verpassen, den er immer bei sich tragen soll!« Bei diesen Worten ergriff der alte Kobold die Nase von Lao Da und zog sie mit einem Ruck einen ganzen Fuß lang. Jeder der Kobolde faßte die Nase von Lao Da an und zog sie ein Stück weiter nach unten. Am Ende war die Nase sieben Fuß lang, da es sieben Kobolde waren. Wie sie sich nun den langnasigen Lao Da anguckten, wollten sie vor Lachen fast zerplatzen. Das war ein Schabernack nach ihrem Sinn.
Wiehernd vor Gelächter warfen sie dann Lao Da zur Tür hinaus. Auf dem Heimweg hielt Lao Da nun immer wieder die langgezogene Nase und versuchte, sie in seinem Mantel zu verstecken.
Zu Hause angekommen, rief er gleich nach seiner Frau, die schon lange auf ihn gewartet hatte. Sie hatte geglaubt, ihr Mann käme mit der Zaubertrommel zurück, so daß an diesem Tage ein vortreffliches Mittagsmahl hätte herbeigetrommelt werden können.
»Du meine Güte! Was hast du nur angestellt! Was hast du für eine Nase!«
Mit näselnder Stimme erzählte Lao Da, was vorgefallen war. Die Frau meinte daraufhin: »Dein jüngerer Bruder hat von den Kobolden die Zaubertrommel mitgebracht, er wird sicher die Kobolde auch bitten können, deine lange Nase wieder zu beseitigen.«
In ihrer Not machten sich die beiden sogleich auf zu Lao Örl. Wie dieser nun die lange Nase seines Bruders und die Tränen in den Augen seiner Schwägerin sah, hatte er für ihre Bitten gleich ein offenes Ohr und machte sich auf in die Berge. Bei der Höhle der Kobolde angekommen, ver-

steckte er sich hinter den Büschen und schlich hinein, als sie weggegangen waren. Lao Örl versteckte sich gut hinter einer Tür. Bald kamen die Kobolde zurück und riefen: »Es riecht nach Menschenfleisch, nach Menschenfleisch!«
Sie suchten den Eindringling unter Tischen und Bänken und in allen Ecken, aber sie fanden ihn nicht. Der Kobold mit dem Horn auf der Stirn sagte: »Wir müssen aufpassen, die kleine Trommel haben wir schon verloren, nun haben wir nur noch den Gong.«
Der alte Kobold ließ sich den Gong reichen und hängte ihn sich um den Hals.
»Es ist bloß gut, daß wir dem Burschen von gestern die Nase langgezogen haben! Das wird ihm eine Lehre sein. Er wird sich hier nicht mehr blicken lassen. Und die lange Nase wird ihm so lange bleiben, bis einer auf die schmale Trommel schlägt und ›Schrumpel‹ ruft. Mit jedem Trommelschlag wird die Nase kürzer, wenn man tüchtig trommelt und ›Schrumpel‹ schreit.«
Ein kleiner Kobold unterbrach den Alten und sagte: »Pst! So könnte uns einer belauschen! Erzähl doch nicht die ganze Geschichte!«
Einen Augenblick lang verharrten sie in völliger Stille, dann aßen sie weiter und hüpften nach der Mahlzeit fröhlich davon. Lao Örl wartete eine Weile noch still in seiner Ecke, schlich dann aus der Höhle und machte sich hastig auf den Heimweg.
Zu Hause holte er schnell seine Trommel aus seiner Truhe, hastete zum Haus seines Bruders und begann sogleich, die Trommel zu schlagen. Bei jedem Schlag rief er: »Schrumpel!« Kaum war der Schlag verklungen und das Wort gesagt, da wurde die Nase auch schon kürzer. Die Schwägerin, die ungeduldig zusah, riß ihm die Trommel aus der Hand und schrie: »Das geht zu langsam!«
Wild schlug sie auf die Trommel ein und rief so schnell sie konnte: »Schrumpel! Schrumpel!«

Da zerbrach die kleine Trommel, die Nase von Lao Da war aber Stück um Stück zurückgeschnellt und zuletzt ganz in den Kopf zurückgesaust. Seit diesem Tag mußte der habsüchtige Lao Da ohne Nase herumlaufen.

[Märchen der Han]

Die Göttin der Barmherzigkeit

Am Fuß eines Berges lebte einmal in einer kleinen Hütte eine alte Frau mit ihrem Sohn. Der Sohn war ein guter Junge, aber er war sehr häßlich. Sein Name war Yen Chong.

Eines Tages ging Yen Chong in der nahen Stadt am Hause eines reichen Mannes vorbei. Die Tochter des Hauses, die sehr schön war, wusch gerade im ersten Stock neben dem Fenster ihr langes Haar. Ohne sich näher umzusehen, schüttete sie eine große Schale Wassers aus dem Fenster.

»Klatsch« tat es, denn es hatte unten auf der Straße gerade Yen Chong getroffen. Yen Chong sah nach oben und bemerkte das Mädchen. Sie lächelte ihm aber zu und sagte: »Bitte sei mir nicht böse, ich wollte dich nicht treffen, ich war nur unvorsichtig.«

Yen Chong verliebte sich augenblicklich in das Mädchen. Noch am gleichen Abend berichtete er seiner Mutter, was er erlebt hatte, und sagte ihr, er wolle unbedingt das Mädchen heiraten.

»Du bist verrückt«, sagte seine Mutter, »wir sind sehr arm, und sie ist sehr reich, ferner ist sie sehr schön, und du bist häßlich. Nie und nimmer wird sie dich heiraten.«

Als er dieses hörte, war Yen Chong sehr unglücklich. Er hörte zu essen auf und konnte auch nicht mehr schlafen. Er wurde krank, und seine Mutter konnte ihm nicht helfen und war sehr betrübt. Schließlich brach sie auf und ging zu dem reichen Mann.

»Mein Sohn liegt krank zu Hause, weil er unbedingt deine

Tochter heiraten will«, sagte sie, »aber er fürchtet, daß du sie ihm nicht geben wirst.«
Der reiche Mann lachte. »Wie hat denn dein Sohn meine Tochter überhaupt treffen können?«
Die Mutter erzählte ihm alles, wie sie es von ihrem Sohne wußte, und bat ihn nochmals, Nachsicht zu haben und in die Heirat einzuwilligen.
»Nun ja«, sagte der reiche Mann, »du kannst ihm erzählen, er könne meine Tochter zur Frau haben, aber zuvor muß er mir vier Dinge bringen: einen goldenen Vogel, eine Drachenhaut, eine kostbare Perle und das Haar eines Mannes, das länger sein muß als dieser Mann selbst groß ist.«
Die alte Frau hastete nach Hause und erzählte ihrem Sohn alles, was der reiche Mann gesagt hatte.
Von diesem Augenblick an fühlte sich Yen Chong auch schon besser. Er packte etwas zum Essen ein, verließ das Haus und brach auf, die vier Dinge zu suchen, die der Vater des Mädchens von ihm verlangte.
»Ich werde die Göttin der Barmherzigkeit finden und werde sie bitten, mir zu helfen«, sagte er.
Nach einiger Zeit traf er einen Bauern, der gerade Melonen erntete. Er erzählte ihm, daß er auf der Suche nach der Göttin der Barmherzigkeit sei.
»Wenn du sie findest«, sagte der Bauer, »dann bitte sie doch auch, sie möchte meine Melonen etwas größer wachsen lassen. Sie sind in diesem Jahr wie in den vergangenen Jahren sehr klein geraten.«
Yen Chong versprach es.
Etwas später kam er zu einem Gasthaus, wo er übernachten wollte. Der Gasthof war leer. Er war der einzige Gast. So erzählte er dem Wirt seine Geschichte und meinte, er werde die Göttin der Barmherzigkeit sicherlich eines Tages finden.
»Wenn du zu ihr kommst«, sagte der Wirt, »dann ver-

wende dich bei ihr für mich, denn ich habe kaum Gäste, ich weiß nicht, warum sie nicht mehr zu mir kommen. Meist steht mein Wirtshaus leer.«
Yen Chong versprach auch dies und sagte wieder zu, ihm helfen zu wollen. Am anderen Tag traf er einen sehr alten Mann, der am Wegesrand saß und ihm erzählte, daß er schon tausend Jahre alt sei. Er hatte einen langen weißen Bart, der länger war als seine Körpergröße.
Yen Chong erzählte ihm, wohin er gehe und was er vorhabe.
Der alte Mann sagte ihm: »Wenn du zur Göttin der Barmherzigkeit kommst, dann berichte ihr, daß es mein einziger Wunsch sei, ein Unsterblicher zu werden. Du kannst ihr sagen, ich hätte schon tausend Jahre gelebt, bin immer noch am Leben, möchte aber unsterblich werden.«
Auch dies versprach Yen Chong und verließ den alten Mann voller Zuversicht.
Die Göttin der Barmherzigkeit hatte vom Himmel alles mit angesehen. In der Nacht ließ sie durch ihre Helfer ein Haus mitten auf dem Wege bauen, auf dem Yen Chong am Morgen einherschritt. Und so sah Yen Chong plötzlich vor sich ein Haus, groß und schön wie ein Palast, und darinnen saß eine ältere Frau mit einem sehr milden und lieblichen Gesicht und einem feinen Lächeln auf den Lippen.
»Ich bin die Göttin der Barmherzigkeit«, sagte sie, »und weil du ein guter Junge bist, deshalb will ich dir helfen.«
Yen Chong erzählte ihr seine Geschichte und sagte ihr auch, daß er unbedingt vier Dinge brauche, um das schöne Mädchen heiraten zu können.
Die Göttin der Barmherzigkeit fragte ihn: »Wolltest du nicht noch etwas außerdem?«
Und da erzählte ihr Yen Chong von dem Bauern, dem Wirt und auch vom alten Mann.
Die Göttin der Barmherzigkeit erwiderte: »Schlaf dich

erst einmal aus – und morgen gehe zu dem alten Mann zurück und sage ihm, du möchtest seine Haare abschneiden, dann werde er ein Unsterblicher werden, und du kannst das lange Haar mit dir nehmen. Gleich danach gehe zu der Wirtschaft. Unter dem Gasthof lebt nämlich in einer Höhle schon länger ein Drache. Die Leute wissen dies, und deshalb betreten sie dieses Gasthaus nicht mehr. Töte den Drachen, zieh ihm die Haut ab, und damit hast du dem Wirt und dir selbst geholfen.
Auf deinem weiteren Wege wirst du dann eine große Melone finden. Trage sie zu dem Haus des Bauern, schneide sie auf und nimm aus ihr die kostbare Perle, die darin liegt. Dann gib dem Bauern die Melone, der sie sofort auf seinem Feld einpflanzen soll. Die Melone ist groß, genauso groß wie diese werden später alle seine Melonen auf seinem Felde sein.«
Yen Chong dankte der Göttin der Barmherzigkeit. Schließlich aber erinnerte er sich an den goldenen Vogel.
»Könntest du mir nicht noch helfen, einen goldenen Vogel zu bekommen?« fragte er nochmals die Göttin.
»Kehre zu dem Berg zurück, wo du mit deiner Mutter lebst. Bevor du nach Hause gehst, steige auf den Gipfel des Berges. Dort wirst du einen steinernen Löwen finden. In dem Maul dieses Löwen lebt der goldene Vogel. Dann hast du alle vier Dinge beisammen. Nun aber schlaf erst einmal aus.«
Als Yen Chong am nächsten Morgen erwachte, war von dem Haus und von der freundlichen älteren Dame keine Spur mehr zu sehen und nichts mehr zu finden. Er tat jedoch, wie sie ihm gesagt hatte, und kehrte mit den vier Dingen nach Hause zurück, die er brauchte, um das hübsche Mädchen zu seiner Frau machen zu können.
Der reiche Mann war fassungslos vor Staunen, mußte in die Heirat seiner Tochter mit dem häßlichen Jungen einwilligen und richtete ein prächtiges Hochzeitsfest aus.

Seit dieser Zeit leben die beiden glücklich zusammen, und weil das Glück von Yen Chong so groß ist, bemerkt auch niemand mehr seine Häßlichkeit.

[Märchen der Han]

Der Kuhhirte und das Webermädchen

Vor langer, langer Zeit lebte einmal ein junger Mann, dessen Namen keiner mehr weiß. Er hütete die Kühe für andere, und daher kannte man ihn nur als den Kuhhirten. Er war sehr arm, denn seine Eltern waren schon gestorben, als er noch ein Kind war. So lebte er allein in einer kleinen strohgedeckten Hütte am Rande des Dorfes.
Eines Tages stand er sehr früh am Morgen auf, ging zu seinen Kühen und trieb sie aus. So lange er aber auch mit seinen Kühen dahinzog, an diesem Tag konnte er keine gute Weide für sie finden. Er zog weiter und weiter mit der Herde, weit vom Dorf entfernt und kam schließlich in ein abgelegenes Tal, das er nie zuvor gesehen hatte.
Hier endlich lag neben einem murmelnden Bergfluß eine große Wiese mit schönstem saftigem Gras. Da hielt er an mit seiner Herde und ließ seine Kühe weiden.
Er setzte sich unter einen schattigen Baum, um sich endlich auszuruhen. Kurz vor dem Einschlafen hörte er plötzlich Stimmen und Gelächter. Er war erstaunt darüber, daß außer ihm selbst noch jemand in diesem stillen Tal zu finden sei, deshalb stand er sogleich auf, ging den Stimmen nach und sah bald einige Mädchen, die im Fluß badeten und sich vergnügten. Ihre Kleider hatten sie achtlos am Ufer abgelegt. Heimlich und leise schlich der Kuhhirte herbei, ergriff einige der Kleider und versteckte sie hinter einem Busch. Dann verbarg er sich selbst hinter einem Baum, wartete und beobachtete die Mädchen.
Der Herrscher aller Himmel und aller Elfen war einst der Jadekaiser. Er hatte sieben wunderschöne Töchter. Die

jüngste wurde das Webermädchen genannt, denn sie konnte nicht nur herrliche Brokatstoffe weben, sondern sie arbeitete an ihrem Webstuhl auch am fleißigsten. Das Tuch, das sie wob, war so großartig in den Farben, daß man es mit den vielfarbigen Wolken beim Sonnenaufgang verglich. Alle im Himmel sagten daher, das Webermädchen webte Wolkenbrokat.

Eines Tages sagten die sieben himmlischen Prinzessinnen zueinander: »Das Leben im Himmel ist etwas eintönig. Laßt uns hinuntersteigen zur Welt der Sterblichen, dort werden wir viel Spaß und Freude haben!«

So kamen sie alle sieben hinunter zur Erde und fanden bald tief in den Bergen ein stilles Tal, in dem kein Mensch zu Hause war. Sie rannten die Hügel auf und ab, sie versteckten sich hinter den Büschen, sie suchten einander, sie sangen und tanzten. Als sie müde waren, kamen sie an einen klaren und kühlen Bergfluß. Mit Jubelrufen zogen sie ihre Kleider aus und sprangen ins Wasser. Da nun sah sie der Kuhhirte, wußte aber nicht, daß es die sieben himmlischen Prinzessinnen waren.

Als die Prinzessinnen gebadet hatten, kamen sie eine nach der anderen aus dem Wasser, zogen ihre Kleider an und flogen zurück zum Himmel. Das arme Webermädchen aber hielt überall nach seinen Kleidern Ausschau, konnte sie aber nirgendwo finden. Schließlich begann es ganz hilflos zu weinen.

Da kam der Kuhhirte hinter seinem Baum hervor und sagte: »Du brauchst nicht zu weinen, ich weiß, wo deine Kleider sind!«

»Oh, wenn du es weißt, dann bring sie mir schnell!« bat inständig das Webermädchen.

»Das will ich gern tun, wenn du mir versprichst, mich zu heiraten!«

Das Webermädchen wußte sich keinen anderen Rat und versprach, den Kuhhirten zu heiraten. Nach ihrer Hochzeit waren sie beide sehr glücklich. Der Kuhhirte vergaß sogar seine Kühe, denn er spielte den ganzen Tag mit dem Webermädchen. Desgleichen rührte das Webermädchen keinen Webstuhl mehr an, denn es spielte und vergnügte sich den ganzen Tag mit dem Kuhhirten.

Dies alles hatte der Jadekaiser vom Himmel aus mit angesehen.

Eines Tages war er zum Geburtstag bei der Göttin Wangmu eingeladen und wollte gern als Geschenk ein neues Kleid mitbringen. Er sandte einen Boten zu dem Webermädchen hinunter auf die Erde und bat es um etwas Wolkenbrokat. Da nun das Webermädchen seit langer, langer Zeit keinen Webstuhl mehr berührt hatte, konnte es auch dem Jadekaiser keinen Brokatstoff schicken. Als dies der Jadekaiser vernahm, wurde er sehr zornig und rief mit lauter Stimme, so daß es durch den Himmel und über die Erde hallte: »Vor eurer Heirat seid ihre beide fleißig gewesen und habt gut gearbeitet, seit ihr verheiratet seid, lebt die Faulheit bei euch. Der Kuhhirte hütet keine Kühe mehr, und das Webermädchen hat zu weben aufgehört. Weil ihr so faul geworden seid, will ich euch strafen! Ihr sollt einander nie wiedersehen!«

Und so setzte der Jadekaiser die beiden am Himmelszelt an den Himmlischen Fluß, den Kuhhirten auf die eine Seite, das Webermädchen auf die andere Seite.

Der Himmlische Fluß war so breit, daß keine Brücke über ihn gebaut war. Der Kuhhirte und das Webermädchen guckten sich fast die Augen aus, um wenigstens einander von Ufer zu Ufer sehen zu können.

Wie sehr sie sich aber auch anstrengten, sie konnten einander nicht einmal mehr erkennen. Mit Tränen in den Augen und mit viel Seufzern saß nun der Kuhhirte bei einer Herde am Himmlischen Fluß und das Webermädchen an einem Webstuhl.

Fast ein Jahr war schon vergangen, und sie hatten sich immer noch nicht gesehen. Beide wurden liebeskrank, und beide konnten weder essen noch schlafen. Als einmal eine Elster sich hinauf in die Wolken verirrte und die Tränen der beiden sah, mußte sie selbst weinen und bejammerte das Los der beiden.

Bald kamen andere Elstern geflogen, und sie alle bekamen Mitleid mit den beiden Liebenden. Sie steckten die Köpfe zusammen und heckten einen Plan aus, den beiden zu helfen.

Am siebten Tag des siebten Monats begannen die Elstern sich am Himmlischen Fluß zu versammeln. Tausende kamen, Abertausende, ja es kamen Millionen. Keine von ihnen wußte, wieviel es überhaupt waren. Jede Elster legte ihren Flügel auf das Federkleid einer anderen, und so formten sie eine lange, lange Brücke, die von der einen Seite des Himmlischen Flusses zur anderen führte.

So war eine dichte und feste Brücke aus Vogelflügeln entstanden. Über diese Brücke schritten nun der Kuhhirte und das Webermädchen und konnten sich an diesem Tag in der Mitte über dem Himmlischen Fluß treffen.

Seit dieser Zeit kommen in jedem Jahr am Abend des siebten Tages des siebten Monats alle Elstern der Erde zusammen, fliegen zum Himmlischen Fluß und bauen eine Brücke für den Kuhhirten und das Webermädchen. Einmal im Jahr können die beiden Liebenden auf diese Weise sich sehen und treffen.

Dieser Abend wurde bekannt als der »Abend der Siebenten«.

Seit dieser Zeit bringen die Mädchen auf der Erde Früchte und Blumen als Opfergabe für das Webermädchen dar, beten zu ihm und bitten es, ihnen Klugheit und Geschicklichkeit beim Weben und bei allen Arbeiten mit Faden und Nadel zu geben.

Wenn an warmen Sommerabenden die Menschen zum Himmel sehen und die Milchstraße entdecken, dann zeigen sie heute noch zum Himmel hinauf und sagen: »Dies ist der Himmlische Fluß. An einer Seite sieht man den Kuhhirten und auf der anderen Seite das Webermädchen.«

[Märchen der Han]

Dattelkern

In einem Dorf am Fuße eines Berges lebten einmal ein Mann und seine Frau. Sie wünschten sich sehnlichst ein Kind und pflegten zu sagen: »Wie wären wir glücklich, wenn wir ein Kind hätten, selbst wenn es so winzig wäre wie ein Dattelkern.« Nach einiger Zeit brachte die Frau einen Sohn zur Welt, der tatsächlich nicht größer war als ein Dattelkern. Das Elternpaar war sehr gücklich und nannte ihn auch »Dattelkern«. Ein Jahr, zwei Jahre und noch ein paar Jahre vergingen, aber das Kind wuchs auch nicht ein bißchen. Eines Tages sagte der Vater: »Dattelkern! Ich war ja so glücklich, als du zur Welt kamst, aber du bist immer noch so winzig. Wofür ist es eigentlich gut, ein Kind wie dich zu haben?«
Die Mutter sagte ebenfalls: »Mein Liebling, du bist nicht gewachsen, auch nicht ein bißchen. Ich bin auch in Sorge um dich.« Dattelkern antwortete: »Das ist kein Grund zur Sorge, lieber Vater. Beurteile mich nicht nach meiner Größe, liebe Mutter. Ich kann genausoviel tun wie jeder andere.«
Dattelkern war sehr arbeitsam und arbeitete jeden Tag. Sein kleiner Körper war sehr stark und gesund; so lernte das Kerlchen vielerlei Arbeiten zu verrichten. Dattelkern konnte einen Esel führen, und er konnte pflügen. Er sammelte mehr Feuerholz als jeder andere, weil er imstande war, bis zu den Dächern hochzuspringen und in Höhen zu klettern, vor denen andere sich fürchteten.
Die Nachbarn lobten ihn alle. Oft schalten sie ihre eigenen Kinder und sagten zu ihnen: »So klein Dattelkern auch ist,

er arbeitet gut, und keiner von euch ist ihm gewachsen. Schämt ihr euch nicht?«
Und so fühlten sich Dattelkerns Eltern bald glücklicher über ihren Sohn. Dattelkern arbeitete nicht nur schwer, er war auch klug.
In einem Jahr befiel das Land eine große Trockenheit, und nicht ein einziges Reiskorn wurde im Dorf geerntet.
Obwohl die Dorfbewohner keine Nahrung hatten und große Not litten, kamen die Steuereintreiber aus der Stadt wie immer, um die Steuern einzutreiben, die in Waren und Getreide zu zahlen waren.
Die Dorfbewohner waren aber nicht in der Lage, diese Steuern zu bezahlen. Da gab der Magistratsbeamte Anweisung, ihre Ochsen und Esel zu beschlagnahmen. Ohne Zugtiere kann aber kein Bauer sein Land im Frühjahr bestellen. Das fürchteten die Bauern und waren sehr besorgt. Dattelkern aber sagte: »Macht euch keine Sorgen. Ich habe einen Plan!«
Einige Einwohner, die kein Vertrauen zu ihm hatten, murrten: »Kleine Leute sollten nicht so groß reden!«
Dattelkern stritt nicht mit ihnen, er sagte nur frohgelaunt: »Schon gut, wartet es nur ab!«
An diesem Abend rannte Dattelkern zu den Stallungen des Magistrats. Mit einem Satz war er über den Zaun. Dann versteckte er sich und wartete, bis die Wachen einschliefen. Als sie eingeschlafen waren, band er einen der Esel los, sprang in sein Ohr und schrie aus Leibeskräften.
Der Lärm weckte die Wächter. Sie glaubten, Eseldiebe seien am Werk, holten schnell ihre Schwerter und Speere und begannen, überall zu suchen. Sie suchten in allen Ekken, aber sie konnten keinen Dieb finden. Gerade, als sie ins Bett zurückgegangen waren, wiederholte sich das Rufen. Wieder sprangen sie auf, suchten herum und fanden wieder keinen Dieb.
So ging es immer wieder bis nach Mitternacht. Die Wa-

chen waren schließlich ganz erschöpft. Der Anführer der Wachen sagte: »Irgend etwas Seltsames geht hier vor. Diebe aber scheinen nicht da zu sein. Wir wollen auf das Geschrei nicht mehr hören. Laßt uns schlafen!«
Sie legten sich wieder hin und da sie alle sehr müde waren, fielen sie bald in einen tiefen Schlaf.
Da sprang Dattelkern aus dem Eselsohr, öffnete die Tür und führte alle Tiere zurück ins Dorf.
Die Tiere waren zwar entführt, aber der Magistrat war nicht gewillt, sie bereitwillig aufzugeben.
So ging der Beamte bei Tagesanbruch mit den Wachen ins Dorf, um die Bauern gefangenzunehmen.
Als die Bauern versammelt waren, sprang Dattelkern vor und sagte: »Ich habe die Tiere zurückgebracht. Was wollt ihr nun tun?«
Der Magistratsbeamte schrie: »Bindet den Elenden! Bindet ihn fest!«
Die Wachen holten ein paar Ketten hervor und versuchten, Dattelkern festzubinden. Aber er war so klein, daß er sogar durch das Glied einer Kette schlüpfen konnte. Da stand er nun und lachte sie aus. Die Wachen liefen immer im Kreis herum und wußten nicht, was sie beginnen sollten. Der Beamte aber war ein Mann mit Ideen. Er sagte: »Steckt den Kerl in eine Geldbörse und bringt ihn zum Hauptquartier!«
Nachdem der Beamte sich dortselbst bequem in der Halle niedergesetzt hatte, schlug er mit der Faust auf den Tisch und schrie: »Und jetzt verprügelt ihn gehörig!«
Dattelkern sprang hierhin und dorthin, und obgleich die Wachen versuchten, ihn zu schlagen, trafen sie ihn nicht: er war einfach zu winzig.
Brennend vor Wut schrie der Beamte: »Holt mehr Wachen herbei und mehr Stöcke!«
Als er diesen Befehl hörte, hielt Dattelkern inne und besann sich einen Augenblick.

Mit einem Satz landete er dann im Bart des Beamten. Er packte tüchtig zu, griff fest in die Haare und schwang sich dann hin und her.
Der Beamte wand sich vor Schmerz und rief: »Schlagt ihn zusammen, schlagt ihn zusammen!«
Die Wächter stürmten herein und teilten kräftige Streiche aus. Die Schläge aber verfehlten Dattelkern und landeten alle auf Brust, Hals und Kinn des Beamten. Alle rannten herbei, um dem Beamten zu helfen. Wie erschraken da die Wächter, als sie sahen, daß sie dem Beamten fast alle Zähne ausgeschlagen hatten! Dattelkern aber entkam bei dem allgemeinen Gedränge und trollte sich fröhlich von dannen.

[Märchen der Han]

Großmutter Wolf

Es war einmal vor langer Zeit, da lebte in einem kleinen Häuschen eine Mutter mit ihren drei Kindern. Der Vater war schon gestorben, und die gute Frau mußte fest arbeiten, um ihre drei Kinder zu ernähren. In einem benachbarten Dorf lebte noch die Großmutter der drei Kinder; die Wege von Dorf zu Dorf aber waren weit und beschwerlich.
Am Geburtstag der Großmutter aber brach die Mutter der drei Kleinen schon früh auf, um die Glückwünsche zu überbringen. Den Kindern aber schärfte sie ein: »Meine Lieblinge, ich gehe jetzt zur Großmutter und komme erst morgen wieder zurück. Hütet das Haus gut. Du, Scheng, siehst nach, wann die Sonne hinter den Bergen untergeht! Dou schließt dann die Tür, und Podji schiebt den Riegel vor! Laßt niemand ins Haus!« Dann verließ die Mutter das Haus, winkte nochmal zurück und schlug den Weg über die Berge ins andere Dorf dann ein.
Dies hatte die alte Wölfin von ihrem Versteck aus, das am Bergabhang lag, genau beobachtet.
Sie verkleidete sich als alte Frau, schlich sich zu dem Haus der drei Kinder und als es dämmrig wurde, klopfte sie an die Tür. Scheng hörte das Klopfen zuerst und rief: »Wer klopft da draußen?«
»Scheng, Dou, Podji, meine Lieblinge«, rief die alte Wölfin, »eure Großmutter ist gekommen, macht schnell auf!«
»Wie ist das möglich?« sagte Scheng, »unsere Mama ist doch heute früh aufgebrochen, um dich zu besuchen!«
»Wie schade, dann haben wir uns verfehlt. Wir sind wohl

verschiedene Wege gegangen!« Scheng kam die Sache aber doch nicht ganz geheuer vor und fragte: »Oma, warum kommst du denn so spät? Es ist doch schon dunkel.«
Die alte Wölfin war schlau und entgegnete: »Die Wege im Gebirge sind lang und gefährlich, die Tage sind kurz in dieser Jahreszeit, ich konnte bei aller Eile nicht früher hier sein.« Die Stimme der Großmutter aber, so schien der kleinen Scheng, war heute viel rauher als sonst, und so fragte sie:
»Oma, warum ist deine Stimme heute so anders?«
Die Wölfin hustete ein paarmal und sagte: »Ich bin sehr heiser und habe einen fürchterlichen Schnupfen. Bin ganz erkältet. Hu, hier draußen ist es kalt und stürmisch. Macht nur die Tür auf und laßt eure Großmutter hinein in die warme Stube!«
Scheng schien an der ganzen Geschichte irgend etwas nicht ganz zu gefallen. Sie wollte mißtrauisch noch einige Fragen stellen, aber die beiden kleineren Brüder waren schon zur Tür gelaufen und hatten den Riegel zur Seite geschoben: »Schnell, komm rein, Großmutter, da draußen ist es so finster und kalt!«
Die alte Wölfin huschte in die Stube und blies sogleich das Licht aus.
Die kleine Scheng war erstaunt und sagte: »Aber Großmutter, warum bläst du denn das Licht aus? Es ist doch schon ganz dunkel.«
»Ich habe entzündete Augen«, antwortete die listige Wölfin, »das Licht schmerzt so sehr.« Scheng rückte einen Schemel zurecht und bat die Großmutter, Platz zu nehmen. Die alte Wölfin setzte sich nieder, war aber etwas unvorsichtig und klemmte dabei den Schwanz ein zwischen dem Schemel und der Wand. Das tat weh und sie heulte laut auf vor Schmerz.
»Was ist, Großmutter?« fragte Scheng verwundert.
»Der Schemel ist so hart, eure Großmutter hat eine Beule

am Gesäß, das hat eben so weh getan. Am besten ist es, ich setze mich auf den Korb dort.«
Als die listige Wölfin auf dem Korb Platz genommen hatte, hing ihr Schwanz innen im Korb herunter. Vor Verlangen nach Menschenfleisch war sie innerlich ganz aufgeregt, und so schlug ihr Schwanz im Korbe hin und her.
Die kleine Scheng wurde aufmerksam und fragte: »Großmutter, was ist da in dem Korb, was bewegt sich denn da drin?«
»Eure Großmutter hat eine fette Henne mitgebracht, für euch als Sonntagsbraten!«
Die kleine Scheng machte sich gleich am Korb zu schaffen und wollte das Huhn greifen. Die alte Wölfin drängte sie sanft zurück und sagte: »Es ist zu dunkel, du kannst es jetzt nicht fangen, es entkommt dir sonst und fliegt uns davon.«
Dou und Podji schmiegten sich nun eng an die Großmutter und baten: »Oma, nimm uns auf deinen Schoß!«
Die gierige Wölfin nahm den kleinen Dou auf, streichelte ihn und sagte:
»Komm, mein kleiner Süßer, mein Dicker, mein Fetter!«
Dann betastete sie auch Podji und sagte: »Mein Podji, mein zartes Baby, mein leckeres!«
Sie nahm Podji an die Brust und flüsterte ihm ins Ohr: »Mein Podji-Kind, deine Großmutter hat sich so sehr auf dich gefreut, du darfst dich heut Nacht am gleichen Kopfende ganz zu ihr kuscheln.«
Dabei gähnte die Wölfin und sagte mit leiser, schläfriger Stimme: »Laßt uns zu Bett geh'n, meine Lieblinge! Die Hühner schlafen auch schon alle.« Die Wölfin ging voran und nahm Podji zu sich an das eine Kopfende, während Scheng sich mit dem kleinen Dou an das andere Kopfende bettete.
Scheng machte es sich ganz bequem und streckte die Füße aus, dabei berührte sie den Schwanz der Wölfin. »Groß-

mutter«, fragte Scheng, »was liegt da für eine Bürste im Bett? Oder bist du so haarig?«
»Eure Großmutter hat ein weiches Bündel Hanf mitgebracht, weil sie zu Hause Hanfseile dreht.«
Als Scheng nun ihre Arme ausstreckte, berührte sie die kralligen Pfoten der alten Wölfin.
»Großmutter, was hast du denn für einen spitzen Fuß?«
»Eure Großmutter näht Schuhe, daher hat sie immer eine Ahle bei sich.« Scheng beunruhigte die Sache und zündete ein Licht an. Da sah sie, daß die Großmutter auch im Gesicht ganz mit Haaren überdeckt war, und der Schreck fuhr ihr in die Glieder. Die Wölfin fuhr herum und blies sofort das Licht wieder aus.
»Meine Augen«, sagte sie, »können es gar nicht ertragen!«
Scheng war klargeworden: In ihrem Bett lag nicht die Großmutter, sondern ein Wolf. Sie wußte, daß es nur einen Ausweg gab: die Flucht – und zwar die Flucht mit List. Sie mußte es schlauer anstellen noch als der Wolf selbst. Ein unbedachtes Wort konnte den Tod von allen dreien bedeuten. Das Untier durfte also nichts merken.
Scheng nahm Podji bei der Hand und sagte ganz ruhig: »Großmutter, Podji muß sein kleines Geschäft verrichten!« »So geh aufs Töpfchen unten beim Bett!« sagte die Wölfin.
Scheng, der das Herz im Leibe bebte, sagte daraufhin: »Das geht nicht, da wohnt der Gott des Bettes!«
»Dann geht zum Fenster!« sagte die alte Wölfin.
Scheng meinte daraufhin: »Aber Oma, da wohnt doch der Gott des Fensters!«
»Also dann geht zur Tür«, rief die Wölfin.
»Dort wohnt der Türgott«, gab Scheng zur Antwort.
»Dann geht in die Küche«, rief unwillig die Wölfin.
»Dort wohnt der Küchengott«, erwiderte Scheng mit gespielter Ruhe.
»Nun, dann geht eben nach draußen!« rief ärgerlich die

Wölfin. Scheng hatte sich einen guten Plan gemacht und rief: »Dou, lieber kleiner Dou, führe schnell einmal Podji hinaus!« Dou stand auf, kletterte aus dem Bett und führte den kleinen Podji ins Freie.
Scheng unterdrückte ihre große Angst und sagte daraufhin mit lieblicher Stimme: »Großmutter, hast du jemals schon Gingko-Früchte gegessen?«
»Nein, noch nie«, entgegnete die Wölfin, »wie schmecken die denn?«
»Gingko-Früchte sind reine Himmelsfrüchte, sie sind weich und zart und köstlich!«
»Schmecken sie noch besser als Menschenfleisch?« fragte da unvorsichtigerweise die Wölfin.
»Ganz gewiß!« antwortete Scheng und warf einen schnellen Blick zum anderen Kopfende.
»Weißt du denn, wo man sie herbekommt?« fragte die Wölfin, die jetzt neugierig geworden war.
»Ja, sie wachsen auf Bäumen, gar nicht weit von hier!« sagte Scheng.
Der alten Wölfin lief der Speichel im Maul zusammen, sie seufzte und meinte dann: »Eure Großmutter ist eine alte Frau mit steifen Gliedern, da kann sie nicht mehr auf Bäume steigen.«
»Liebes Großmütterlein«, sagte Scheng darauf mit liebreizender Stimme, »ich werde dir einige Früchte pflücken!«
»Dann geh nur schnell«, sagte die Wölfin, »und pflücke mir einige Gingko-Früchte!«
Scheng stieg aus dem Bett, lief zur Tür hinaus und suchte ihre beiden Brüder. Als sie Dou und Podji gefunden hatte, erzählte sie ihnen von ihrer schrecklichen Entdeckung. Die beiden wollten anfangen laut loszuheulen, aber Scheng legte den Finger auf den Mund und erklärte ihnen ihren Plan. Da kletterten sie zu dritt auf einen großen Baum.
Die alte Wölfin streckte sich wohlig im Bette aus. Nach

den Gingko-Früchten würde sie sich die drei leckeren Menschlein schmecken lassen. So dachte sie und wartete auf die Rückkehr der Kinder. Sie wartete lange und geduldig, aber niemand erschien, nicht einmal die beiden Buben ließen sich sehen. Als alles ruhig blieb und nichts sich rührte, sprang sie schließlich ärgerlich aus dem Bett, eilte vor die Tür und rief in die Dunkelheit hinein: »Scheng, wo steckst du, Dou, Podji, wo seid ihr?«
Aus einiger Entfernung ließ sich Scheng vernehmen.
»Großmutter, wir sitzen hier auf dem Baum und essen Gingko-Früchte, sie schmecken köstlich!«
»Dann pflücke mir auch gleich welche und bring sie herunter, wir können sie im Bett dann essen!« rief die Wölfin. Scheng aber rief vom Baum herunter: »Gingko ist eine Feenfrucht. Sie muß schnell gegessen werden, weil sie sich verändert, wenn man sie vom Baum nimmt. Du mußt schon heraufklettern, wenn du sie essen willst!«
»Oma, Oma«, rief der kleine Dou, »Gingko-Früchte schmecken aber fein!«
Die alte Wölfin rannte aufgeregt hin und her und dann um den Baum herum. »Großmutter!« rief da Scheng ganz freudig und bedeutungsvoll, »ich habe einen Einfall. Wir ziehen dich zu uns hoch! Vor der Türschwelle liegt ein Weidenkorb und daneben ein Seil. Binde das Seil an den Weidenkorb, bring beides zusammen hierher und setze dich in den Korb. Damit wir dich hochziehen können, wirfst du uns das Seilende herauf. Dann schmausen wir zu viert!«
»Das können wir machen«, sagte die Wölfin, »die Idee ist gut!« Schnell suchte sie den Korb und das Seil, band beides zusammen, schleppte sie unter den Baum und warf das Seilende hinauf.
Scheng hatte sich zwischen den Ästen gut und sicher festgesetzt und stemmte nun die Beine gegen einen Ast. Mit aller Kraft zog sie den schweren Korb bis zur halben Höhe

des Baumes. Da ließ Scheng plötzlich los. Der Weidenkorb sauste hinunter, so daß die alte Wölfin durch den Aufprall aus dem Korb geschleudert wurde.
»Oh weh«, rief Scheng, »meine Kräfte reichten nicht aus, du bist ziemlich schwer. Hast du dich denn arg verletzt?«
Der kleine Dou rief hinunter: »Oma, setz dich noch einmal in den Korb. Diesmal helfe ich meiner Schwester tüchtig ziehen!«
Die alte Wölfin stöhnte, hatte aber nur einen Gedanken: Gingko! Sie setzte sich wieder in den Korb, warf das Seilende hoch und die beiden zogen ihn keuchend ruckweise hoch. Diesmal zogen sie höher als das erste Mal; dann ließen sie das Seil los, der Korb sauste hinunter und schlug auf der Erde auf. Die Wölfin wurde aus dem Korb geschleudert, brach sich ein Bein und verletzte sich auch am Kopfe. Die Wölfin rappelte sich hoch und fing aus vollem Halse zu schimpfen an. Sie war sehr böse. »Großmütterlein, verzeih uns!« rief Scheng. Dou sagte begütigend: »Großmutter, hab keine Sorge, Gingko-Früchte heilen alle Wunden.« Und Podji rief hinunter: »Diesmal faß ich aber mit an!« Scheng sagte mit großer Bestimmtheit: »Diesmal wirst du bestimmt nicht fallen!«
Hinkend trottete die Wölfin wieder zum Korb und warf sich fluchend hinein. »Jetzt aber ganz vorsichtig, ganz vorsichtig!« rief sie, und im Korb knurrte sie leise vor sich hin:
»Früher oder später beiße ich euch allen den Kopf ab, einem nach dem anderen!« Die drei Kinder zogen nun mit aller Kraft an dem Seil. Der Korb hob sich von der Erde ab und stieg höher.
»Hau-ruck! Hau-ruck!« riefen sie und keuchten vor Anstrengung. Weit höher als das erste Mal, höher auch als das zweite Mal, zogen sie den Korb und schwitzten vor Anstrengung. Nun schwebte der Korb dreißig Fuß über der Erde. Scheng hustete kurz und gab damit das verabredete

Zeichen. In diesem Augenblick ließen alle drei los, und der Weidenkorb sauste in die Tiefe.
Bei dem Aufprall zerschellte der Schädel der alten Wölfin und ihr Bauch platzte auf.
»Großmutter!« rief Scheng von oben. Von unten kam keine Antwort.
»Großmutter!« rief Dou, aber nichts rührte sich.
»Großmutter!« rief Podji, aber alles blieb still, und niemand antwortete. Die Wölfin war mausetot. Die Kinder warteten noch eine Weile, aber als längere Zeit kein Laut mehr zu vernehmen war, kletterten die Kinder vom Baum herab. Fröhlich gingen sie ins Haus und verriegelten die Tür. Nun schliefen sie sicher und ungestört in ihrem großen Bett.
Die Mutter kehrte am nächsten Tag zurück. Viele köstliche Leckerbissen hatte sie den Kindern von der Großmutter mitgebracht.
Da berichteten die Kinder vom Besuch der falschen Oma und zeigten ihrer Mutter den toten Wolf unter dem Baume.
Und sie erzählten die Geschichte dieser Nacht immer wieder und wieder, und Podji rief vergnügt: »Hau-ruck! Hau-ruck!«

[Märchen der Han]

Die Katze als Lehrmeister

Vor langer Zeit hauste in einem Gebirge ein Tiger, der zwar sehr stark war, aber von Geburt an etwas plumpe Füße hatte. So kam er nur sehr schwerfällig voran und konnte nur wenig Beute machen. An einem schönen Sonnentag, an dem alle Tiere schon längst aufgestanden und auf die Jagd gegangen waren, kam der Tiger aus der Höhle gekrochen.

Wie er so mit seinen plumpen Füßen daherstapfte, sah er ein Kätzchen sehr gewandt über die Berge klettern. Der Tiger erblaßte vor Neid. »Mit solchen Kletterkünsten«, so sagte er bei sich, »könnte man jeden Tag fette Beute machen! Und wie schnell dieses Kätzchen ist! Da entkämen mir nicht mehr viele Tiere. Ich würde alle auffressen, die mir jetzt mühelos davonlaufen!«

Die Katze war inzwischen etwas näher herangekommen und betrachtete aus einiger Entfernung die schwerfälligen Bewegungen des Tigers. Dieser verbeugte sich tief und sagte: »Meister Katze, Ihr lauft behende und schnell die Berge hinauf und hinunter. Könnte ich nicht bei Euch in die Lehre gehen? Ich möchte diese Künste gerne erlernen.«

Das Kätzchen hatte schon gehört, daß der Tiger ein böses Herz hatte und sagte kopfschüttelnd: »Mein lieber Tiger, wenn du alles von mir gelernt hast, das Klettern und das Jagen, was wirst du dann wohl tun? Ich weiß nicht, ob du ein dankbarer Schüler sein wirst!«

Das Kätzchen überlegte sich, daß es sein Leben kosten könne, wenn es alle seine Fähigkeiten und Kunstgriffe dem Tiger beibrächte. Der Tiger aber verlegte sich aufs Bitten und ließ nicht locker: »Meister Katze, ich werde Euch als meinen verehrten Lehrer dann stets beschützen. Wehe dem, der dann wagen sollte, Euch anzugreifen oder auch nur zu beleidigen. Mein ganzes Leben werde ich Euch dann verbunden sein und Euch meinen Dank bezeigen. Ich bitte Euch inständig, lehrt mich die Kletterkünste und den Schnellauf!«

Diese Schmeichelei zerstreute die Bedenken des Kätzchens doch weitgehend. Der Tiger erschien dem Kätzchen nun doch mehr ungeschickt als böse, und so sprach es zu ihm: »Wenn du mir schwören willst, später niemals Gutes mit Bösem zu entgelten und meine Künste nicht gegen mich selbst zu verwenden, dann kannst du in meine Lehre eintreten.«

Der Tiger verbeugte sich tief, wedelte dabei mit dem Schwanz und sagte mit ergebungsvoller Stimme: »Nie werde ich Eure Wohltat vergessen. Lehret mich, die Berge zu erklettern und Beute zu machen. Sollte ich jemals, verehrter Lehrer, etwas Böses gegen Euch im Schilde führen, dann soll im gleichen Augenblick der Blitz mich treffen, oder ich soll in eine tiefe Schlucht stürzen und mein Leib in tausend Stücke zerrissen werden!« Dieser Schwur beruhigte die Katze, und sie nahm den Tiger als Lehrling an.

Die Lehre für den Tiger war zwar hart, aber vortrefflich. Der Lehrmeister scheute keine Mühe, seinem Lehrling alles beizubringen, was zu einer erfolgreichen Jagd in den Bergen gehört. Kaum war die Sonne hinter den Bergen aufgegangen, waren die beiden schon im Gelände, und sie übten noch in der Dunkelheit, wenn die Vögel längst schlafen gegangen waren. Der Lehrmeister hatte nach einiger Zeit seinem Schüler alle Geschicklichkeiten bis auf eine einzige gezeigt und wollte die Lehre bald für beendet erklären. Der Tiger war gut vorangekommen und war zu einem geschickten Jäger geworden.

Eines Tages aber warf der Tiger doch ein gieriges Auge auf das Kätzchen. »Es wäre doch ein feiner Braten«, sagte er zu sich selbst, und der Speichel lief ihm im Maul zusammen.
Das Kätzchen hatte aber seinen Schüler allmählich auch sehr gut kennengelernt und las ihm die bösen Gedanken von den Augen ab. Zum Tiger gewandt, sagte das Kätzchen daraufhin mit feierlicher Stimme: »Mein lieber Schüler, du warst sehr folgsam und gelehrig. Alles, was ich selber kann, habe ich dir beigebracht. Unsere Wege trennen sich jetzt wieder. Denke daran, was du einstens geschworen hast!« Der Tiger war schon ganz von seinen bösen Gedanken ergriffen und fragte scheinheilig mit freundlicher unterwürfiger Stimme: »Meister Katze, habt Ihr mir auch alle Griffe und Kunststücke beigebracht?«
»Alles habe ich dir gezeigt«, sprach das Kätzchen, das in den Augen des Tigers die böse Gier sitzen sah.
Der Tiger wollte nun eine List anwenden und sagte mit zusammengekniffenen Augen: »Meister Katze, seht mal, was klettert denn da über uns auf dem Baum?«
In dem Augenblick, in dem das Kätzchen den Kopf hob, setzte der Tiger zum Sprung an und stürzte sich mit ausgestreckten Krallen auf das Kätzchen. Da aber hatte der Tiger sich verrechnet. Gerade, als er glaubte, den Braten schon in den Pfoten zu halten, fuhr wie der Sausewind etwas den Baum hoch. Der Tiger sah nach oben. Auf dem höchsten Aste saß zornbebend das Kätzchen.
»Du elender Verräter«, rief es von oben herunter, »du undankbarer Geselle! Soviel gelten dir Schwur und Versprechen! Zum Glück war ich noch schlauer als du und habe dir nicht gezeigt, wie man auf Bäume klettert. Wäre ich so dumm auch noch gewesen, hättest du mich gar zerrissen und aufgefressen, du Schurke. Pfui!«
Der Tiger war wütend und umkreiste knurrend den Baum. Er versuchte, auf den ersten Ast zu springen, aber

er kam nicht so hoch hinauf. Er biß mit den Zähnen in die Rinde, aber alles war vergebens. Das Kätzchen sah die hilflosen Versuche des Wüterichs von oben herunter mit Gelassenheit an und strich sich ruhig den Schnurrbart. Dann sprang es von einem Baum zum anderen und versetzte den Tiger dadurch in noch größere Wut. Er war hilflos, seine bösen Absichten halfen ihm nichts; es fehlte ihm die Fähigkeit, auf Bäume zu klettern.
Das Kätzchen verschwand schließlich ganz aus seinen Blicken im dichten Laub der Baumkronen, und der Tiger mußte sich knurrend in seine Höhle zurückziehen.

[Märchen der Han]

Die alte Frau und der Tiger

Eine alte Frau fand einmal eines Tages eine glänzende Kupfermünze, als sie die Stube ausfegte. Sie betrachtete die Münze liebevoll und warf sie dann in einen halbgefüllten irdenen Reistopf.
Am nächsten Tage wollte sie sich ein Frühstück bereiten und schüttete soviel Reis aus dem Topf, daß nur noch eine Handvoll übrigblieb.
Beim Mittagessen wollte sie sich nun von diesem Händchen voll Reis eine Mahlzeit bereiten. Voller Erstaunen sah sie, daß der Reistopf wieder halbvoll war. Sollte sie sich versehen haben? Beim Abendessen war der Topf wieder halbvoll, obwohl sie am Mittag auch nur eine Handvoll Körner zurückgelassen hatte. So erkannte sie mit großer Freude und Verwunderung: Die Kupfermünze war eine Zaubermünze.
Der Tiger der Berge hörte davon, und der Neid schlich sich ihm ins Herz. Er lief zu der alten Frau und sagte: »Gib mir die Kupfermünze, aber schnell!« Als die Frau sich weigerte, das wundersame Geldstück herauszugeben, drohte der Tiger: »Warte nur, die Münze werd' ich schon kriegen. In der Dunkelheit komme ich wieder und fresse dich mit Haut und Haar!«
Nach dieser Drohung zog er brüllend von dannen.
Die alte Frau erschrak zu Tode und fing an zu weinen. Nach einer Stunde hörte sie aber plötzlich auf, trocknete ihre Tränen ab und suchte die Sichel hervor. Sie holte den Wetzstein und begann die Sichel zu schleifen. Tss --- tss --- tss ---, so strich der Stein über die Sichel, einmal

über die eine Seite, dann wieder über die andere. Die kleinen Erbsen im Glase hörten dies und fragten: »Altes Mütterchen, warum wetzt du deine Sichel, sag?«
»Meine Erbslein, meine Erbslein«, antwortete die alte Frau, »der Tiger will meine Zaubermünze haben. Ich gebe sie nicht heraus, sie ist ja mein. In der Dunkelheit will er aber heute kommen und mich fressen. Darum mache ich meine Sichel scharf.« »Altes Mütterchen«, sagten die kleinen Erbsen, »wir wollen dir helfen!«
»Meine Erbslein, was könnt ihr denn tun?« »Altes Mütterchen, wir wissen dir schon zu helfen, wir legen uns vor die Tür schlafen!« Die kleinen Erbsen sprangen nun in großer Zahl auf den Boden, hüpften etwas umher und legten sich dann vor die Tür. Die alte Frau schärfte weiter ihre Sichel. Tss --- tss --- tss ---, so strich der Stein über die Sichel, einmal über die eine Seite, dann wieder über die andere.
Ein Ei in einem Korbe hörte dies und fragte: »Altes Mütterchen, warum wetzt du deine Sichel, sag?«
»Mein Eilein, mein Eilein«, antwortete die alte Frau, »der Tiger will meine Zaubermünze haben. Ich gebe sie nicht heraus, sie ist ja mein. In der Dunkelheit will er aber heute kommen und mich fressen. Darum mache ich meine Sichel scharf.«
»Altes Mütterchen«, sagte das Ei, »ich will dir helfen!«
»Mein Eilein, was kannst du denn tun?« »Altes Mütterchen, ich weiß dir schon zu helfen, ich verstecke mich im Herd.«
Das Ei rollte aus dem Korb und versteckte sich im Herd.
Die alte Frau nahm wieder ihren Wetzstein. Tss --- tss --- tss ---, so strich der Stein über die Sichel, einmal über die eine Seite, dann wieder über die andere.
Ein Krebs in einem Loch an der Wand hörte dies und fragte: »Altes Mütterchen, warum wetzt du deine Sichel, sag?«

»Mein Krebslein, mein Krebslein«, antwortete die alte Frau, »der Tiger will meine Zaubermünze haben. Ich gebe sie nicht heraus, sie ist ja mein. In der Dunkelheit will er aber heute kommen und mich fressen. Darum mache ich meine Sichel scharf.«
»Altes Mütterchen«, sagte der Krebs, »ich will dir helfen!«
»Mein Krebslein, was kannst du denn tun?« »Altes Mütterchen, ich weiß dir schon zu helfen, ich verstecke mich im Wasserkrug.« Der Krebs kam aus seinem Loch hervor und kroch in den Wasserkrug.
Die alte Frau griff wieder zu ihrem Wetzstein. Tss --- tss --- tss ---, so strich der Stein über die Sichel, einmal über die eine Seite, dann wieder über die andere.
Ein großer Balken vor dem Hause hörte dies und fragte: »Altes Mütterchen, warum wetzt du deine Sichel, sag?«
»Mein großer Balken, mein treuer«, antwortete die alte Frau, »der Tiger will meine Zaubermünze haben. Ich gebe sie nicht heraus, sie ist ja mein. In der Dunkelheit will er aber heute kommen und mich fressen. Darum mache ich meine Sichel scharf.«
»Altes Mütterchen«, sagte der große Balken, »ich will dir helfen!«
»Mein großer Balken, was kannst du denn tun?«
»Altes Mütterchen, ich weiß dir schon zu helfen, ich lege mich auf den Rand des Bettes.«
Der große Türbalken rollte herein, kletterte ins Bett und legte sich auf den Rand. Die alte Frau wandte sich wieder ihrer Sichel zu. Tss --- tss --- tss ---, so strich der Stein über die Sichel, einmal über die eine Seite, dann wieder über die andere.
Ein grüner Frosch im Bach vor dem Haus hörte dies und fragte: »Altes Mütterchen, warum wetzt du deine Sichel, sag?«
»Mein Fröschlein, mein Fröschlein«, antwortete die alte

Frau, »der Tiger will meine Zaubermünze haben. Ich gebe sie nicht heraus, sie ist ja mein. In der Dunkelheit will er aber heute kommen und mich fressen. Darum mache ich meine Sichel scharf.«
»Altes Mütterchen«, sagte der Frosch, »ich will dir helfen!«
»Mein Fröschlein, was kannst du denn tun?«
»Altes Mütterchen, ich weiß dir schon zu helfen, ich setze mich auf das Kopfende im Bett.« Der Frosch kam aus dem Bach heraus, hüpfte auf das Bett und setzte sich auf das Kopfende. Die alte Frau nahm wieder ihren Wetzstein zur Hand. – Tss --- tss --- tss ---, so strich der Stein über die Sichel, einmal über die eine Seite, dann wieder über die andere.
Das Spinnrad in der Ecke hörte dies und fragte: »Altes Mütterchen, warum wetzt du deine Sichel, sag?«
»Mein Spinnrädchen, mein liebes«, antwortete die alte Frau, »der Tiger will meine Zaubermünze haben. Ich gebe sie nicht heraus, sie ist ja mein. In der Dunkelheit will er aber heute kommen und mich fressen. Darum mache ich meine Sichel scharf.«
»Altes Mütterchen«, sagte das Spinnrad, »ich will dir helfen!«
»Mein Spinnrädchen, was kannst du denn tun?«
»Altes Mütterchen, ich weiß dir schon zu helfen, ich setze mich in die Stubenecke.«
Das Spinnrad setzte sich nun in die Stubenecke. Die alte Frau schliff weiter ihre Sichel. Tss --- tss --- tss ---, so strich der Stein über die Sichel, einmal über die eine Seite, dann wieder über die andere.
Der Hammer im Kasten hörte dies und fragte: »Altes Mütterchen, warum wetzt du deine Sichel, sag?«
»Mein Hämmerchen, mein Hämmerchen«, antwortete die alte Frau, »der Tiger will meine Zaubermünze haben. Ich gebe sie nicht heraus, sie ist ja mein. In der Dunkelheit

will er aber heute kommen und mich fressen. Darum mache ich meine Sichel scharf.«
»Altes Mütterchen«, sagte der Hammer, »ich will dir helfen!«
»Mein Hämmerchen, was kannst du denn tun?« »Altes Mütterchen, ich weiß dir schon zu helfen, ich hocke mich auf den Sims über der Tür!« Der Hammer polterte aus dem Kasten und hockte sich auf den Türsims.
Bald dämmerte es. Die alte Frau ging ins Bett und nahm die Sichel mit sich. Als die Dunkelheit anbrach, schlich sich der Tiger heran. Im ganzen Haus war es still und stockdunkel. Da trat er über die Schwelle. In diesem Augenblick fingen die kleinen runden Erbsen an, auf dem Boden hin- und herzurollen, so daß der Tiger auf sie trat, ausrutschte und auf den Boden hinschlug.
Bald rappelte er sich wieder auf und tastete sich zur Küche durch; er wollte im Herd das Feuer anblasen. Vorsichtig steckte er seinen Kopf in die Herdöffnung und blies ein paarmal hinein. Da, mit einem Mal zerplatzte das Ei, das sich dort versteckt hatte und spritzte dem Tiger ins Gesicht. Da es sich mit Asche vermengte, wurde der Tiger ganz verschmiert und geblendet. Da tappte er nach dem Wasserkrug, um seine Augen benetzen zu können, aber zwick-zwack, schnellte der Krebs aus dem Kruge und zwickte den Tiger so heftig in die Tatze, daß er aufschrie. Blutend und äußerst gereizt blickte das Untier jetzt um sich und wollte die alte Frau suchen. Wie er sich nun zum Bett hin vorgepirscht hatte, donnerte der große Balken auf ihn nieder, daß er zu Boden ging und gar nicht mehr wußte, wie ihm geschah, er war ganz benommen. Vom Kopfende des Bettes her begann aber nun der Frosch aus Leibeskräften zu quaken: »Schlag, schlag, großer Balken, schlag ihn tot!«
Aus der Ecke ließ sich zugleich das Spinnrad vernehmen: »Halt ihn! Halt ihn! Halt ihn fest!« Der Tiger war völlig

verwirrt und suchte einen Ausweg. Darauf hatte die alte Frau in ihrem Bett gewartet. Mit blitzender Sichel sprang sie aus dem Bett und stürzte sich auf den Tiger. Wie dieser die blinkende Sichel sah, wollte er mit einigen Sätzen ins Freie entweichen. Da kullerten die kleinen runden Erbsen wieder auf dem Boden umher und brachten es fertig, daß der Tiger beim Türsims niederstürzte. Das war das Zeichen für den Hammer. Mit Schwung sauste er herab. Ein betäubender Schlag traf den Tiger auf den Kopf. Er taumelte. Die alte Frau holte aus, und mit einem wohlgezielten Streich mit der scharfen Sichel machte sie dem Leben des Bösewichts ein Ende.

[Märchen der Han]

Die unvorsichtigen Affen

Eine Affenfamilie lebte einmal tief in einem Wald in China. Sie kam oft heraus auf eine Lichtung, um zu spielen. Die Affen tranken gerne Wein und zogen auch gerne rote Schuhe an, wenn sie welche in den Dörfern der Menschen erhaschen konnten. Ein Jäger hatte sie lange beobachtet und wollte sie gerne fangen.
Die Affen waren aber sehr klug. Sie rannten immer schnell weg, wenn sie ihn kommen sahen. Eines Tages spielten die Affen wieder auf der Lichtung miteinander. Plötzlich roch einer von ihnen mit seiner feinen Nase Wein. Ganz in der Nähe mußte hier Wein sein, so meinte er und rief den anderen zu: »Riecht mal alle, riecht es hier nicht etwa nach Wein?«
Die Affen kamen alle heran, schnupperten in die Luft, und bald hatte einer von ihnen auch mehrere Weinkrüge an einem kleinen Waldpfad entdeckt, und siehe, daneben standen mehrere Paare hübscher roter Schuhe, schön aufgereiht, ganz in der Nähe der Weinkrüge.
Der Anführer der Affen sagte: »Wir müssen sehr vorsichtig sein, ich bin sicher, der Jäger will uns eine Falle stellen.«
Ein anderer Affe fragte: »Und warum sollte er solch schöne Schuhe neben einem Weinkrug aufstellen?«
Als er sprach, kratzte er sich überall, denn es juckte ihm nicht nur das Fell, er war auch sehr neugierig und hätte gerne bereits ein paar Schlucke von diesem herrlichen Wein genommen.
Ein dritter Affe aber riet ihnen ebenfalls: »Wir haben sehr

vorsichtig zu sein, denn der Jäger ist bestimmt hinter uns her und wird uns fangen, wenn wir uns nicht in acht nehmen.«

Der alte Affe, der der Anführer war, sagte: »Du hast völlig recht, hier heißt es aufpassen. Ich weiß genau, der Jäger will uns fangen. Dummer alter Jäger!« rief er laut. »Glaubst du wirklich, daß du uns fangen kannst?«

Und alle anderen Affen fielen ein: »Dummer alter Jäger. Dummer alter Jäger!«

Und sie riefen immer weiter aus vollem Halse, so daß der Wald widerhallte und ihre Zungen ganz trocken wurden.

Unterdessen hatten sie sich alle in einem Kreis um die Weinkanne und um die roten Schuhe versammelt. Sie wußten aber nicht, was sie anfangen sollten. Unschlüssig kratzten sie sich und leckten sich ihre Lippen.

»Könnten wir nicht wenigstens ein bißchen von dem Wein versuchen?« fragte einer der Affen.

»Und ich könnte ein Pärchen von den roten Schuhen einmal ausprobieren«, meinte ein anderer, »sie sehen wirklich so bequem und so hübsch aus.«

Ohne ein weiteres Wort zu sagen, stürzten auf diese Worte hin alle Affen auf die Weinkanne los und öffneten sie. Oh, welch ein herrlicher Duft, nun waren sie glücklich, welch ein herrlicher Wein. Zuerst probierten sie ihn mit ihren Zungen. Dann fingen sie an, große Mengen davon zu schlürfen. Einige von ihnen zogen die roten Schuhe an und sprangen und tanzten in ihnen herum.

Die anderen, die schon viel Wein getrunken hatten, wälzten sich auf dem Boden. Plötzlich hörten sie ein Geräusch aus dem Wald. Es war der Jäger. Einige der Affen versuchten noch wegzurennen, aber sie konnten nicht entweichen, denn die Schuhe waren mit feinen Fäden aneinandergebunden.

Und so war es für den Jäger sehr leicht, die Affen alle zu

fangen. Er band sie zusammen und zog sie hinter sich nach Hause.
»Das haben wir selbst verschuldet«, heulte einer der Affen, der nun am Strick des Jägers hing. »Wir müssen uns schämen, und wir sind selbst an allem schuld. Wir waren zu begehrlich und zu raffgierig.«

[Märchen der Han]

Ulan Bator

Vor langer, langer Zeit lebte auf den weiten Hochflächen des Graslandes ein Prinz, dessen Ländereien sich weiter erstreckten, als das Auge sehen konnte. Er war so reich und mächtig, daß er seine eigene Armee, Hunderte von Leibeigenen und unzähliges Vieh und Schafe hatte. Alle Leute auf den Hochflächen des Graslandes waren auf Gedeih und Verderb von diesem grausamen Prinzen abhängig.

Unter seinen vielen Leibeigenen war auch einer, der Ulan Bator hieß. Dieser Jüngling war stark und sehr geschickt im Bogenschießen. Nichts entging seinen Pfeilen, weder in der Luft noch auf der Erde, und er war überall dafür bekannt, daß er nie danebentraf. Nah und fern war der Name Ulan Bator berühmt.

Eines Tages, als er von der Jagd zurückkam, traf er einen weißhaarigen Mann, der zu ihm sprach: »Ulan Bator, du bist nun erwachsen und hast das Mannesalter erreicht. Da du der beste Bogenschütze bist in diesem Lande weit und breit, warum hast du immer noch nicht deines Vaters Tod gerächt? Sogar ein Adler, der sich hoch ins Blaue schwingt, läßt seine Schatten auf der Erde. Bator, Bator! Wie kannst du bloß deinen Vater vergessen?« Ulan Bator sprang aus dem Sattel, kniete vor dem alten Mann nieder und fragte: »Wer hat meinen Vater getötet?«

Der alte Mann schüttelte sein Haupt und antwortete: »Am fünfzehnten ist Vollmond. Bis dahin wird dir alles klar und offenbar sein.« Dann ging der alte Mann weiter und wanderte nach Westen. Als er in der Ferne verschwunden war, bestieg Bator sein Pferd und eilte nach Hause. Er betrat die Jurte, ergriff seine Mutter bei den Armen und fragte aufgeregt: »Wie starb mein Vater?« Seine Mutter war erschreckt über sein Ungestüm, aber sie faßte sich bald und antwortete: »Ich habe es dir schon oft erzählt, daß dein Vater an einer Krankheit starb, als du erst ein Jahr alt warst. Warum fragst du erneut?«

Ulan Bator wagte nicht zu erwähnen, was der alte Mann ihm gesagt hatte, aber seine Neugierde war jetzt geweckt.

In dieser Nacht war Ulan Bator sehr unruhig. Plötzlich hörte er ein unterdrücktes Weinen. Er spitzte die Ohren, lauschte angestrengt in die Nacht hinaus, bemerkte aber dann, daß die Laute aus der Jurte selbst kamen.

Es muß meine Mutter sein, die da weint, dachte er. Er erhob sich, schlich auf Zehenspitzen zu seiner Mutter, nahm ihre Hand in seine Hand und kniete neben ihr nieder. Dann fragte er: »Mutter, warum weinst du? Sag es mir, ich bin dein Sohn. Die höchsten Bäume mögen mit ihren Spitzen den Himmel berühren, aber sie sind sehr klein, verglichen mit all der zarten Sorge, mit der du mich stets umgeben hast.« Unter Weinen und Schluchzen erzählte ihm seine Mutter schließlich den Grund ihres Kummers. »Mein Kind, du bist nun ein Mann geworden und kannst viele Dinge verstehen. Mich drückt etwas nieder, das du nun wissen mußt. Der einzige Grund, weswegen ich die Wahrheit über den Tod deines Vaters vor dir verschwiegen habe, ist der, weil ich nicht möchte, daß auch über dich Unheil kommt.

Dein Vater starb nicht an einer Krankheit. Er wurde lebendig begraben, weil er Gada folgte, der sich gegen den Prinzen verschworen hatte. Damals warst du erst ein Jahr alt, ich floh, mit dir in den Armen. Acht Jahre lang zog ich als Bettlerin umher, aber die Erinnerungen an das Grasland und die Jurten verschwanden nie aus meinem Sinn, denn niemand kann seine Heimat vergessen.

Nach einiger Zeit wechselte ich meinen Namen und kam zurück in das Grasland, um abermals Leibeigene des Prinzen zu werden. Viele Mißhandlungen und Auspeitschungen habe ich erlitten, aber ich habe geduldig darauf gewartet, bis du groß warst.«

Die Stimme seiner Mutter wurde von Schluchzen unterbrochen. Wie Perlen von einer zerrissenen Perlenkette liefen die Tränen über Bators Wangen. Dann trocknete er seine Augen und stand langsam taumelnd auf. Mit zusammengebissenen Zähnen und bebend vor Zorn riß er den Bogen von der Wand. Dann preßte er seine Hand auf sein Herz: »Mutter, ich werde den Prinzen töten und den Tod meines Vaters rächen.« Seine Mutter war entsetzt, hielt ihn zurück und sagte: »Gehe nicht, mein Kind! Du wirst niemals zu deinem Ziele kommen!« Aber Bator erwiderte: »Mutter, ich fürchte mich nicht vor ihm. Ich werde mit ihm bis zum bitteren Ende kämpfen.« Die Mutter umarmte Bator fest und wandte ein: »Mein Sohn, höre auf deine Mutter, du darfst nicht gehen. Natürlich muß der Tod deines Vater gerächt werden, aber du kannst es nicht allein. Unter unseren alten Leuten gibt es ein wohlbekanntes Sprichwort: ›Die besten Ringer können nicht gewinnen, wenn sie nicht in der Mehrzahl sind, das beste Pferd kann keine hundert Peitschenhiebe ertragen.‹ Allein kannst du nicht all die Soldaten des Prinzen überwinden.«

Die Warnungen seiner Mutter veranlaßten Bator, seinen hastigen Entschluß noch einmal zu überdenken.

Fortan hörte man Bator im Grasland nie mehr fröhlich singen. Sobald er das Haus verließ, ängstigte sich seine Mutter, blieb in der Jurte und betete zu Buddha. War er sicher wieder zurückgekehrt, verbeugte sie sich glücklich vor dem Standbild. Sie lebte jetzt die meiste Zeit in Furcht. Aber so sicher wie die Wildgänse südwärts fliegen, wenn die Zeit der Zugvögel kommt, so geschehen auch alle anderen Dinge zu ihrer bestimmten Zeit.

Eines Tages befahl der Prinz Bator, mit ihm auf die Jagd zu gehen.
Bators Haß war deutlich in seinen Augen zu lesen, und das erzürnte den Prinzen. Er erhob seine Peitsche, um Bator zu schlagen. Bator aber entriß ihm schnell die Peitsche, gab ihm einen Hieb und schrie ihn an: »Hast du den alten Ulan, meinen Vater, vergessen? Jetzt werde ich ihn rächen!«
Als er zum zweitenmal die Peitsche gegen den Prinzen erhob, wurde er von den Wachen überwältigt, gefesselt und abgeführt. Nach einer grausamen Auspeitschung wurde er mit Stricken gebunden und ins Gefängnis geworfen. Dort wurde er allein gelassen. Einige Tage später eilte einer der Begleiter des Prinzen in das Gefängnis, band Bator los und brachte ihn zu dem Zelt des Prinzen. Es war pechschwarze Nacht, aber das Zelt des Prinzen war hell erleuchtet. Als er Bator eintreten sah, lachte der Prinz in seiner grausamen Art über den hilflosen Gefangenen und zeigte seine scheußlichen Zähne. »Ich habe eine Aufgabe für dich«, rief er. »Ein goldener Ring der Prinzessin ist in den Brunnen gefallen. Steige hinunter und suche ihn! Wenn du Erfolg hast, werde ich dich freilassen!«
Bator brannte vor Wut, als er dies hörte und erwiderte voller Verachtung und Zorn: »Jeder weiß, daß der Brunnen bodenlos ist. Du redest Unsinn, wenn du jemandem sagst, er solle hinuntersteigen und einen Ring suchen. Warum sagst du nicht geradeheraus, daß du mich töten willst! Ich fürchte mich nicht. Ein Sturm geht immer vorüber. Deine Untertanen werden noch diesen Tag erleben, und wenn dieser Tag kommt, werde ich dir den Hals brechen. Bei lebendigem Leib werde ich dir die Haut abziehen, sie in Öl sieden und deine Knochen den Hunden vorwerfen –«
Bevor Bator weitersprechen konnte, schrie der Prinz, zitternd vor Wut, seinen Wachen zu: »Los, werft ihn in den

Brunnen!« Mehrere Wachen packten Bator, schleppten ihn weg, und bevor er Zeit hatte, auch nur noch ein Wort zu sagen, wurde er in den Brunnen gestoßen.
Seine Mutter, die nicht wußte, was geschehen war, wartete den ganzen Tag vor ihrer Jurte auf ihn. Die Sonne ging unter, und noch immer war er nicht von der Jagd zurückgekehrt. Der Mond ging hinter den Bergen auf, aber immer noch war Bator nicht gekommen. Die Sterne verloschen, und die Morgendämmerung erhellte schon den Himmel, aber Bator kam nicht zurück.
Voller Angst um seine Sicherheit und sein Leben ging seine Mutter los, um zu hören, ob sie nicht etwas über ihn in Erfahrung bringen könnte.
Eine gutherzige Dienerin erzählte ihr schließlich, daß Bator den Prinzen wütend gemacht, daß man ihn gebunden und ins Gefängnis geworfen hätte.
Überall eilte sie hin und suchte Hilfe und bat sogar den Prinzen persönlich, ihren Sohn freizulassen.
Tag und Nacht weinte sie, ihre Tränen flossen wie die Wasser eines Flusses, aber ihr Bator kam niemals zurück.
Sie wußte nicht, daß man ihren Sohn in den Brunnen geworfen hatte.
Als Bator das Bewußtsein wiedererlangte, wußte er nicht, wie lange er schon in dem Brunnen lag. Er war plötzlich von dem Geräusch fließenden Wassers erwacht. Er blickte sich um und entdeckte, daß er keineswegs in einem Brunnen lag. Er lag unter einem Baum am Ufer eines Flusses.
»Was, bin ich gar nicht tot?« wunderte er sich und biß sich in den Daumen, um sich zu vergewissern. Es tat so weh, daß er nun endgültig wußte: »Ich bin am Leben!«
Als er sich aufsetzte, sah er, daß alle Wunden, von den Schlägen verursacht, geheilt waren. Er wunderte sich immer noch über das, was geschehen war, als er einen Mann auf der Erde kriechen sah.
Der Mann legte zuerst das rechte und dann das linke Ohr

auf den Boden. Er schien auf etwas unter der Erde zu lauschen. Das sah so seltsam aus, daß Bator zu dem Mann hinüberging und fragte: »Was machst du da?«
»Ich bin ein Diener des Prinzen der Unterwelt. Ich hörte, daß Ulan Bator in Not geraten und zu diesem Königreich gekommen sei. Ich möchte ihm beistehen.«
Daraufhin fragte Bator: »Welche Zauberkraft hast du, um ihm zu helfen?«
Der Diener stand auf und antwortete: »Wenn ich mein Ohr an den Erdboden lege, kann ich hören, was auf der anderen Seite gesagt wird. Ich heiße Diener Großohr. Und wer bist du?«
»Ich bin niemand anders als dein Freund Ulan Bator!«
Darüber war der Diener Großohr sehr glücklich, und er lud Bator in sein Haus ein. Bator dankte ihm, sagte aber: »Ein Lamm verläßt seine Mutter nicht und ich, Bator, kann nicht fern von meinem Heimatland sein. Ich kann nicht ruhen, solange mein Feind noch lebt. Meine Mutter wartet auf mich, und ich muß nach Hause eilen!«
Der Diener Großohr merkte wohl, daß es gar keinen anderen Weg gab und versprach, Bator wieder an die Oberfläche der Erde zu schicken.
Er forderte ihn auf, seine Augen zu schließen. Bator gehorchte, und sogleich fühlte er sich emporschweben. Dabei hörte er den Wind um seine Ohren pfeifen.
Einen Augenblick später vernahm er eine Stimme, die da flüsterte: »Bator, Bator, mein Freund, wenn du in Not bist, rufe mich dreimal, und ich werde dir zu Hilfe kommen!«
Bator öffnete seine Augen und merkte, daß er wieder auf der Erde war. Er war zwar wieder auf der Oberfläche, aber nicht im Grasland, nicht in seiner Heimat. Vor ihm erhob sich ein riesiger Berg.
Als er zu Boden sah, bemerkte er dort einen Pfeil. Er ging in die Richtung, in die der Pfeil zeigte. »Komme ich wohl

je wieder nach Hause?« so fragte er sich, denn viele große Berge türmten sich vor ihm auf und versperrten ihm den Weg.

Während er so dahinging, sah er mit Staunen, daß einer der Berge sich bewegte. Voller Verwunderung hastete er vorwärts, um dieses Schauspiel aus der Nähe zu sehen. Zu seiner größten Überraschung sah er einen Mann, der den Berg vor sich her schob. Bator holte ihn ein und fragte: »Was machst du da?«

Der Mann sah Bator an, und ohne mit seiner Beschäftigung aufzuhören, antwortete er: »Ich bin ein Diener des Bergprinzen. Ich hörte, daß Ulan Bator in Not geraten und ins Königreich der Berge gekommen sei. Ich wollte ihm beistehen!«

Bator fragte: »Welche Zauberkraft hast du, um ihm zu helfen?«

Der Mann hörte auf, den Berg zu schieben und antwortete: »Ich bin so stark, daß ich Berge verschieben kann. Ich werde Diener Bergstark genannt. Und wer bist du?«

Bator sagte: »Ich bin niemand anders als dein Freund Ulan Bator!«

Darüber war der Diener Bergstark sehr froh, und er lud Bator ein, mit ihm in sein Haus zu kommen. Bator wollte aber unbedingt ins Grasland zu seiner Mutter. So mußte der Diener Bergstark ihn auf die andere Seite der Berge schicken.

Er befahl Bator, die Augen zu schließen. Wie in einem gewaltigen Luftzug segelte er dahin, und die Winde heulten um ihn. Als das Heulen verstummte, sagte eine Stimme: »Bator, Bator, wenn du in Not bist, mein Freund, rufe mich dreimal, und ich werde kommen.« Bator öffnete die Augen. Die Berge lagen hinter ihm. Zu seinen Füßen war Ufergelände, und vor ihm lag ein riesiger See.

»Solch ein riesiger See?« sagte er zu sich selbst, »ich werde nie hinüberschwimmen können.« Im selben Augenblick

bemerkte er, daß das Wasser des Sees vor ihm zurückwich und schließlich ganz verschwand. Der Grund des Sees lag nun völlig trocken vor ihm. Erfreut rannte Bator vorwärts. Während er rannte und rannte, stieg das Wasser hinter ihm wieder an. Bator war sehr verwundert und blickte sich in der Runde um. Da sah er einen Mann im Schilf sitzen, der eine rote Pfeife an seinem Munde hielt. Jedesmal, wenn er einatmete, wurde das Wasser weggesaugt, und jedesmal, wenn er ausatmete, stieg das Wasser des Sees wieder an. Bator rief zu dem Mann hinüber und fragte: »Was machst du da?«
Der Mann sah Bator an, und während er fortfuhr, seine Pfeife zu bedienen, antwortete er: »Ich werde Diener des Sees genannt und stehe in den Diensten des Prinzen der Seen. Ich hörte, daß Ulan Bator in Not geraten und zum Königreich der Seen gekommen sei. Ich will ihm beistehen. Und wer bist du?«
»Ich bin niemand anders als dein Freund Ulan Bator!«
Der Diener der Seen war so glücklich, das zu hören, daß er Bator in sein Haus einlud. Er sah aber, wie eilig es Bator hatte, zu seiner eigenen Jurte zurückzukehren. So fühlte sich der Diener der Seen verpflichtet, Bator auf seine Weise auf die andere Seite des Sees zu schicken. Er forderte Bator auf, die Augen zu schließen. Bator tat es und fühlte sich wie in einer Wiege geschaukelt, während die Geräusche der Wellen an sein Ohr schlugen. Nach einiger Zeit war alles still. Da hörte er das Flüstern des Mannes: »Bator, Bator, wenn immer du in Not bist, rufe mich dreimal, und ich werde kommen!«
Als Bator die Augen öffnete, war der See verschwunden, und vor ihm lagen die unendlichen Grasländer. Bator schritt glücklich weiter, er wußte jetzt, daß seine Heimat nicht mehr weit entfernt sein konnte. Er wanderte und wanderte, bis die Sonne dicht über dem Horizont stand, aber immer noch hielt er nicht an.

Plötzlich erschien vor ihm ein heller Lichtstrahl. Es war ein sehr seltsames Licht. Bator war ein Mann, der das flakkernde Licht der Leuchtkäfer und das grüne Licht von Tigeraugen erkennen konnte, aber ein Licht wie dieses hatte er noch nie gesehen. Er stand da und überlegte, was es wohl sein könnte. Dann hörte Bator das Wiehern eines Pferdes, gefolgt von mehrmaligem Schnauben. Er lachte glücklich, denn ein Pferd ist für einen Hirten wie das Wasser für einen Fisch. Bator eilte sofort zu dem weißen Pferd hin, dessen Fell wie Silber leuchtete. Er bestieg das Pferd und wollte losreiten, aber der Silberschimmel schüttelte den Kopf, wieherte abermals und weigerte sich zu laufen. Was war los? Bator untersuchte das Pferd sorgfältig und entdeckte, daß jedes Bein an einem Pfahl mit einem ledernen Riemen festgebunden war. Da er keinen Dolch bei sich hatte, kniete Bator nieder und biß mit seinen starken Zähnen in die Gurte. Bald war seine Zunge verletzt, und sein Mund blutete, aber er gab nicht auf. Er hielt nicht einmal inne, um einmal den Rücken zu strecken. Nachdem er den ersten Riemen durchgebissen hatte, begann er gleich beim nächsten. Endlich hatte er sie alle durchgetrennt. Das silberne Pferd warf seinen Schwanz hoch, wieherte, lief um Bator herum und kniete dann vor ihm hin.
Bator sagte: »O du wunderbares Silberpferd, erlaube mir, dich nach Hause zu reiten.«
Das Pferd nickte dreimal und blinzelte mit den Augen Zustimmung. Bator sprang auf seinen Rücken, schloß die Augen, und alles, was er hören konnte, war das Heulen des Windes. Plötzlich hörte der Wind auf, und er hörte eine Stimme sagen:
»Vergelte Böses mit Bösem und zahle Gutes mit Gutem. Wenn du in Not bist, rufe mich dreimal!«
Bator öffnete seine Augen, das silberne Pferd war verschwunden, aber er fand sich selbst vor der Tür seiner ei-

genen Jurte stehen. Bators Glück war grenzenlos und verschlug ihm zuerst die Sprache. Er eilte in die Jurte und fand dort seine Mutter, die vor Kummer ganz abgehärmt war. Ihr Haar war völlig weiß geworden. Bator fiel vor ihr auf seine Knie und rief: »Mutter, ich bin zurück!« Sie konnte es lange gar nicht fassen. Jeder war erfreut über Bators Rückkehr. Die Leute dachten, der Prinz habe ihn aus Gnade freigelassen. Bator sagte nichts, er blieb zu Haus und schärfte jeden Tag sein Schwert. Neuigkeiten haben Flügel. Die Nachricht von der Rückkehr Bators drang alsbald auch zu dem Prinzen. Er glaubte es nicht und schickte einen Mann aus, der die Geschichte nachprüfen sollte. Der Läufer kam zurück und berichtete, daß Bator zu Hause sei. Der zurückgekehrte junge Mann sei bei bester Gesundheit und schärfe jeden Tag sein Schwert.
Der Prinz war verblüfft über diese Mitteilung. Hatte er nicht mit eigenen Augen gesehen, wie man Bator in den Brunnen warf? Nun, da jedermann sagte, der Prinz habe Bator freigelassen, konnte er ihn nicht gleich öffentlich gefangennehmen lassen. Bator hatte gedacht, der Prinz würde nach seiner Rückkehr gleich wieder seine Leute schicken, um ihn ergreifen zu lassen. Aber als ein Tag verstrich und ein zweiter und nichts dergleichen geschah, wurde Bator ungeduldig. Da fiel ihm der Diener Großohr ein. In der Nacht, als seine Mutter bereits schlief, flüsterte er dann: »Diener Großohr, Bator ist in Bedrängnis und braucht deine Hilfe!«
Da bebte plötzlich der Boden, und der kleine Mann trat heraus. Dann legte er sein Ohr auf den Boden und lauschte. Mit einem Mal sprang er auf und flüsterte Bator zu: »Schlechte Nachrichten, schlechte Nachrichten! Der Prinz hat seinen Soldaten befohlen, die Hufe ihrer Pferde mit Tüchern zu umwickeln, um die Tritte zu dämpfen. Sie werden kommen und dich heute nacht gefangennehmen. Lauf weg. Eile!«

Bator dankte dem Diener Großohr, schwang hastig den Bogen über seine Schulter, nahm sein Schwert und stellte sich hinter der Tür auf. Wie er es erwartet hatte, ritten ein paar Minuten später lautlos Dutzende von Reitern vor. Bator versteckte sich im Schatten, während die Reiter absaßen und die Jurte umzingelten.
Plötzlich stieß er einen Schrei aus und sprang hervor. Sein Schwert schwingend, schlug er mehrere der Wächter in Stücke. Er sah aber bald, daß die Übermacht zu groß war. Besorgt um seine Sicherheit, ergriff er schnell eines ihrer Pferde und entkam. Die Soldaten des Prinzen nahmen die Verfolgung sofort auf. Als der Prinz bemerkte, daß Bator geflüchtet war, bestieg er sein schnellstes Pferd und beteiligte sich an der Jagd. Während er dahinjagte, wendete sich Bator um, ergriff seinen Bogen und zielte aus dem Sattel auf seine Verfolger. Jeder Pfeil erreichte sein Ziel und warf einen nach dem anderen der Soldaten vom Pferd. Bald hatte Bator alle seine Pfeile verschossen, aber immer noch folgten ihm einige Wächter. Er ritt wie der Wind, bis er den Weg durch einen mächtigen Felsen versperrt fand. In diesem Augenblick dachte Bator an den Diener Bergstark. Er flüsterte dreimal: »Diener Bergstark, Bator ist in Not und bittet um deine Hilfe!« Mit Getöse wich der Berg zur Seite, und Bator galoppierte weiter.
Ein lautes Gerumpel war alles, was er hörte. Er wandte sich um und sah, daß viele Soldaten des Prinzen vom Pferd geworfen und durch Felsbrocken verletzt worden waren. Einigen davon aber war es gelungen, zu entkommen und die Verfolgung wieder aufzunehmen. Er ritt weiter, bis ein Fluß ihm den Weg versperrte. Da erinnerte er sich an den Diener der Seen. Er rief dreimal: »O Diener der Seen, dein Freund Bator ist in Not!«
Augenblicklich wich das Wasser aus dem Fluß, und Bator jagte hinüber. Sofort füllte sich das Flußbett wieder mit Wasser, und viele der Verfolger ertranken.

Das Pferd des Prinzen allein war schnell genug gewesen, rechtzeitig hindurchzustürzen. Bator zügelte sein Pferd und wandte sich gegen den Prinzen. Dieser sah das Schwert an Bators Seite blinken, bekam große Angst und versuchte, am Flußufer entlang zu entkommen. Der Prinz saß auf seinem berühmten roten Pferd. Bator verfolgte ihn lange Zeit, aber er fiel weiter und weiter zurück.
Da dachte er an das silberne Pferd. Dreimal rief er: »Silberpferd, Bator erbittet deine Hilfe!« Er hörte ein Wiehern, und das Pferd erschien an seiner Seite. Schnell wechselte Bator von seinem Pferd auf den Rücken des Silberpferdes über. Das Silberpferd galoppierte los, und der Wind pfiff um Bators Ohren. Im Nu hatte er den Prinzen überholt. Als er sah, daß Bator ihn eingeholt hatte, verließen den Prinzen vor Angst seine Kräfte. Bator holte aus, ergriff den Prinzen, zog ihn zu sich heran, hielt ihn dann hoch in die Luft – und schmetterte ihn zu Boden.
Der Prinz fing an, zu betteln und um Gnade zu flehen. Bator sprang vom Pferd. Mit seinem Fuß auf dem Nacken des Prinzen schlug Bator ihn in Stücke.
Dann steckte er sein Schwert in die Erde; und nachdem er sich dreimal vor dem Himmel verbeugt hatte, sagte er:
»Vater, dein Sohn hat deinen Tod gerächt.
Meine Freunde, alle, die ihr vom Prinzen getötet worden seid, Bator hat euren Tod gerächt.«
Die Sonne vergoldete die Wasser des Flusses. Bator schöpfte eine Handvoll Wasser und löschte seinen Durst. Dann sprang er auf sein Pferd und ritt davon, dem Grasland entgegen.

[Märchen der Mongolen]

Der Blinde und der Richter

Im Steppenland lebte einmal ein blinder Sänger, der durch die Dörfer zog, zur Geige Lieder sang und den Leuten Geschichten erzählte. Schlecht und recht schlug er sich durchs Leben und konnte sich nur fürs Alter weglegen, was er sich vom Munde absparte. Er hatte nirgends ein Zuhause, und so konnte er auch seine paar Silberstückchen nirgends aufheben. Er fürchtete sich vor Räubern, denn die Zeiten waren unruhig damals, man konnte nie sicher sein. Ein freundlicher Sattler hatte ihm einmal einen Lederbeutel genäht, in dem er seine Silberstücke versteckte. Diesen Beutel trug er immer an seiner Brust. Das Unheil aber kam, trotz seiner Vorsicht. An einem schönen Sommertag geschah es, als die Sonne hoch über der Steppe stand und ein leichter Wind über die Gräser strich.

Ein aufmerksamer Zuhörerkreis hatte sich um den blinden Sänger geschart. Er erzählte eben eine lange und spannende Geschichte, als ein vornehm gekleideter Mann erschien. Über einer Wollweste trug er einen großen schwarzen Brokathut, und seine Füße steckten in schwarzglänzenden Lederstiefeln. Der Fremde mischte sich unter die Zuhörer und beobachtete neugierig den blinden Sänger. Schließlich hockte er sich nieder und stierte alsbald nur noch mit verschlagenen Blicken auf die Brust des Blinden. Nachdem die Geschichte beendet war, standen die Leute auf und zerstreuten sich wieder, die einen hierhin, die anderen dahin. Der Sänger blieb noch eine Weile allein auf seinem Platz sitzen. Da stürzte sich plötzlich der Fremde auf ihn, griff nach seinem Lederbeutel und versuchte zu entkommen.

Der Sänger erschrak, griff nach dem Ärmel des Räubers und schrie aus vollem Halse: »Hilfe, Räuber, Hilfe!«
Die Leute ringsum hörten den Lärm, erkannten die Stimme des Sängers und eilten zurück. Der Blinde hielt den Fremden immer noch am Ärmel fest, denn er hatte mit aller Kraft in den Stoff gegriffen. Die Leute kamen heran, stürzten sich auf den Fremden und riefen empört: »Solch ein Schurke! Will einem Blinden sein Geld rauben. Das ist ja allerhand!«
Der Straßenräuber suchte sich zu verteidigen und sagte zu den Leuten: »Was, ein blinder Geschichtenerzähler soll über Silberstücke verfügen? Der Beutel gehört mir. Ich bin bestohlen worden, und der Alte hier, das ist der Dieb!« Dabei wies er mit seinem langen Finger auf den Lederbeutel und tat recht beleidigt. Die Zuschauer waren über diese Unverschämtheit außer sich, ergriffen ihn und brachten ihn vor den Richter.
Der Gerichtsbeamte setzte sogleich den Termin für die Verhandlung auf die nächste Stunde fest.
Beim Verhör ließ er den Blinden beiseite sitzen und herrschte den Räuber an: »Hinknien! Und heraus mit der Wahrheit! Im Lande unseres Prinzen wagst du es also, den blinden alten Mann da zu berauben. Das ist ja empörend. Wo kommst du eigentlich her?«
Der Beamte zitterte schließlich am ganzen Leibe vor Erregung, je mehr er schimpfte, desto mehr schwollen seine Zornesadern. Der Angeklagte machte ein Gesicht, als ginge ihn alles nichts an. Unbewegt warf er ein: »Gnädiger Herr, ich bin der Sohn einer vornehmen Familie. Meine Vorfahren waren würdige Persönlichkeiten. Wie könnte ich einen Raub begehen? Arm bin ich auch nicht, was wollte ich denn mit den paar Silberstücken eines armen Blinden?« Als der Richter diese Frechheit vernahm, wurde er noch weit wütender.
»Du Elender«, rief er, »womit haben deine Vorfahren ei-

nen Dieb als Enkel verdient? Angesehene Vorfahren willst du haben und beraubst einen armen, blinden Mann. Diese Geschichte kannst du anderen auftischen, aber nicht mir!«
»Gnädiger Herr«, ließ sich der Räuber vernehmen, »mein Vater ist ein angesehener Mann im Lande, den jeder kennt von allen, die Rang und Namen haben.
Die Adeligen, die Würdenträger, die Prinzen kennen ihn, ja sogar mit dem Kaiser ist er gut bekannt.«
Diese Worte machten den Richter unschlüssig, sie hatten ihre Wirkung getan. Diesen Augenblick nützte der Räuber geschickt aus und sagte schnell: »Wenn ich Euch meinen Vater beschreibe, so werdet auch Ihr Euch sogleich an ihn erinnern.«
Da fragte der Richter: »Wer ist es dann, sag es schon!«
Der Räuber zwinkerte mit den Augen und erwiderte: »Mein Vater hat ein paar Narben im Gesicht, ist Mitte Fünfzig und hinkt etwas.«
Der Richter dachte nach und sagte nach einer Weile: »Dieser Fall ist schwierig, wir setzen die Verhandlung fort, morgen um diese Zeit, für heute ist die Sitzung beendet.«
Der Räuber und der Sänger wurden abgeführt, jeder der beiden wurden in eine andere Zelle gebracht.
Heimlich schlich sich der Richter in der Nacht dann zur Zelle des Räubers, und dieser bestach ihn mit einer hohen Summe.
Am andern Tag war der Richter wie verwandelt. Gleich eingangs beim Verhör schrie er den Blinden an: »He du, Alter, warum beneidest du die Reichen und bist mit deinem Leben unzufrieden? Weißt du, was das bedeutet, den Sohn einer angesehenen Familie zu beleidigen?«
Ja, der Blinde wußte nur zu gut Bescheid. Er kniete schweigend auf der Erde, fing mit seinen Händen an zu graben und preßte dann lauschend sein Ohr an den Boden.
Der Richter wunderte sich und fragte: »Was soll das denn heißen, Blinder, was treibst du denn da?«

Der alte Mann antwortete ruhig und gefaßt: »Gnädiger Herr, gestern waren die Glocken der Gerechtigkeit hier zu vernehmen. Heute höre ich ganz anderes Geläute, es klingt sehr metallen, möglicherweise wie von Silberstükken. Wartet einen Augenblick, ich grabe es Euch aus.«
Einen Augenblick war alles ganz still, auch der Richter wagte kaum zu atmen, dann aber sagte der Blinde: »In mein Dunkel dringt kein Lichtstrahl, sehen kann ich nichts, aber ich bin hellhörig geworden in all den Jahren. Unter der Erde kann ich nicht nur alle Geräusche hören, auch die Stimme des Herzens kann ich ...«
Da fuhr dem Richter der Schreck in die Glieder. Und bevor der Blinde weitersprechen und noch andere Dinge erzählen konnte, befahl er den Gerichtsdienern, den blinden Alten sofort freizulassen.

[Märchen der Mongolen]

Das Königstigergewand

Es war einmal ein armer Hirte, der nur eine Milchkuh und zwei Ziegen besaß. Mit seiner Frau schlug er sich zwar schlecht und recht durchs Leben, aber es langte hinten und vorn nicht. Die drei Kinder, die seine Frau ihm geboren hatte, waren in zartem Alter alle gestorben. Die Eltern hatten sich mit ihrem Unglück allmählich abgefunden und die Hoffnung auf weiteren Kindersegen ganz aufgegeben. Nach mehreren Jahren aber schenkte die Frau wider alles Erwarten, mitten im Winter, einem Knaben das Leben. Vater und Mutter freuten sich und waren überglücklich. Indessen war guter Rat teuer: womit sollten sie den Kleinen überhaupt ernähren? Wenn wenigstens noch eine Kuh oder noch einige Ziegen mehr dagewesen wären! Die Eltern sagten sich, kommt Zeit, kommt Rat – und melkten erst einmal ihre Kuh vor dem Zelt. So sättigten sie das Neugeborene mit frischer Milch.

Zum größten Erstaunen der beiden wuchs aber das Kind nicht in vielen Tagen und Jahren, sondern schon in wenigen Stunden heran. Der Tag war noch kaum vorbei, da war es schon voll erwachsen und überragte an Körpergröße alle anderen Menschen. Die Eltern waren erschrokken und froh zugleich. Sie gaben ihrem Sohn den Namen Gunan.

Am ersten Tag zeigte Gunan solch einen Appetit, daß er eine Ziege restlos aufaß, und am zweiten Tag verzehrte er ohne viel Aufhebens auch die zweite.

Die Eltern sahen dies mit größter Bestürzung und sagten zueinander:

»Morgen wird er unsere einzige Kuh noch verspeisen! Wie sollen wir dann bloß weiterleben?«
Am dritten Tag sprach Gunan zu seiner Mutter: »Liebstes Mütterchen! Unsere Familie ist so arm, und es ist nur noch eine Kuh da. Laß mich in die Welt hinausziehen, damit ich mir meinen Unterhalt selbst verdienen kann. Immer zu Hause sitzen will ich auch nicht, das ist mir zu langweilig, ich werde auch schon ganz krank davon!«
Die Mutter sah ihren großen und bärenstarken Sohn eine Weile an, dann sprach sie, mit Tränen in den Augen: »Mein Sohn, was wirst du in diesem Lande schon unternehmen können? Am besten wird es sein, du gehst zu unserem Fürsten, dem Khan, vielleicht hat der eine Arbeit für dich.« Gunan überlegte und nahm dann den Vorschlag seiner Mutter an. Er verabschiedete sich rührend von seinen Eltern und machte sich dann mit leerem Magen auf den Weg zum Khan.
Kaum war er die halbe Strecke gegangen, da kam ein ausgehungerter Wolf des Wegs. Kaum hatte die Bestie den Wanderer gewittert, da fiel sie ihn auch schon an. Gunan stellte den Wolf, machte ihm mit einem einzigen Griff den Garaus und zog ihm das Fell ab. An Ort und Stelle zündete er ein Feuer an und briet das Fleisch.
Nachdem er den Wolf bis auf die Knochen verzehrt hatte, setzte er seinen Weg fort. Gegen Abend erreichte er das Zelt des Fürsten. Der Khan war ein mißtrauischer und verschlagener Mensch und wollte die Kräfte Gunans erst einmal kennenlernen. Um den jungen Mann auf die Probe zu stellen, ließ er einen Ochsen braten und lud Gunan zum Essen ein.
Da Gunan schon wieder gewaltigen Hunger hatte, verzehrte er nicht nur alles Fleisch, sondern nagte auch noch die Knochen blitzblank.
Der Khan nahm ihn daraufhin in sein Zelt auf und ernannte ihn zu seinem Leibwächter.

An vielen Tagen begleitete Gunan nun den Khan auf der Jagd. Sie ritten oft in ferngelegene Wälder und brachten jedesmal reiche Beute mit nach Hause. Eines Tags stießen sie zwischen den Bergen in eine tiefe Waldschlucht vor. Auf einmal stürzte ein Tiger auf sie los, dessen Augen tükkisch und mörderisch funkelten. Bei diesem Anblick brach dem Khan der kalte Angstschweiß aus den Poren. Er ließ die Peitsche sausen und sprengte, ohne sich um Gunan zu kümmern, Hals über Kopf das Gebirge hinab. Auch das ganze Gefolge nahm schleunigst Reißaus. Allein Gunan war stehengeblieben. Kaltblütig wich er ein wenig zur Seite, als der Tiger ihn ansprang, packte im selben Augenblick auch schon das Untier an seinen Hinterläufen, wirbelte es im Kreis herum und schleuderte es gegen einen dicken Baum, daß es nur so krachte und die Blätter von den Zweigen wirbelten. Bei diesem Aufprall platzte der Bauch des Tigers auf, und die Bestie verendete. Gunan warf sich die tote Wildkatze auf die Schultern und eilte mit Riesenschritten dem Zelte des Khans zu.
Der Khan war bei der Flucht zwar heil und unversehrt geblieben, aber er zitterte am ganzen Leibe, so sehr war ihm der Schreck in die Glieder gefahren. Sein Gefolge, das auch bald eintraf, mußte dem zitternden Khan gar aus dem Sattel helfen. Kaum hatte der Fürst wieder Boden unter seinen Füßen, da schrie er vor Entsetzen auf. Er sah nämlich Gunan mit dem Tiger auf den Schultern heraneilen und glaubte, das Raubtier sei noch am Leben. Mit einem Satz sprang er in sein Zelt und verrammelte die Tür von innen. Den Leuten draußen schrie er zu: »Hierher, besetzt sofort den Eingang und laßt um Himmels willen die Bestie nicht zu mir herein!« Da hörte er, daß der Tiger schon tot sei. Nun kam er heraus und spielte sich gar noch als mutiger Kerl auf und schimpfte Gunan. Als seine Gefolgsleute den Tiger abgehäutet hatten, nahm er das Fell des Tigers mit in sein Zelt.

In den nächsten Tagen ließ der Khan sich aus dem Tigerfell eine Bettunterlage machen. Mehrmals betrachtete er am Tage das herrlich gemusterte Fell der Raubkatze und kam dabei auf den Wunsch, nun auch noch ein Königstigergewand zu besitzen. Er bestellte Gunan zu sich und befahl ihm vor dem versammelten Gefolge, binnen drei Tagen den Königstiger zu erlegen. Bringe er das Fell nicht in dieser Zeit herbei, so habe er die Todesstrafe zu gewärtigen. »Wo soll ich bloß den Königstiger suchen gehen?« fragte sich Gunan und wußte nicht aus noch ein. »Man erzählt sich, daß er in einer Höhle im Nordgebirge hausen soll, weit, weit weg von hier. In jener Gegend soll es von Tigern nur so wimmeln. Ein gewöhnlicher Sterblicher kann dorthin ja gar nicht gelangen!«
In großer Besorgnis kehrte Gunan noch in derselben Nacht zu seinen Eltern zurück und trug ihnen vor, was der Khan von ihm gefordert hatte.
Die beiden guten Leute wußten ihrem Sohn auch nicht zu raten. Am liebsten hätten sie ihn dabehalten und im Zelt versteckt, aber die Gefolgsleute des Khans würden ihn sogleich finden. Weinend saßen die beiden Alten da. Ließen sie ihn ziehen, so war es höchst ungewiß, ob er das Wagnis bestehen könnte, rieten sie ihm zum Hierbleiben, so war es sicher, daß der arglistige Khan ihren Sohn umbrächte. Auch Gunan selbst wußte keinen Ausweg aus der mißlichen, verzwickten Lage.
Da trat ganz unerwartet ein steinalter erfahrener Hirte zum Zelt herein. Dieser sprach zu Gunan: »Junge, verliere den Mut nicht! Der Königstiger fürchtet auch so manches auf der Welt, aber nichts mehr als einen tapferen Menschen. Du wirst aller Bedrängnisse Herr werden, wenn du von Herzen an deine Heimat und an die Menschen denkst, die dir lieb und teuer sind. Mach dich gleich auf den Weg! Vor dem Zelt steht ein buntscheckiges Pony, das schenke ich dir! Und nun wohlauf und viel Glück!«

Der alte Hirte küßte Gunan sanft auf die Stirn und huschte aus dem Zelt.
Gunan eilte nach draußen und sah tatsächlich ein buntscheckiges Pony dort stehen! Als das Tier Gunan erblickte, stellte es sich auf die Hinterläufe und wieherte.
Gunan prüfte seinen Bogen und schärfte sein Schwert. Bei Tagesanbruch bestieg er das Pony und sagte seinen Eltern Lebewohl. Schwerbewaffnet sprengte er davon. Das Pferdchen galoppierte anfangs wie ein gewöhnliches Pony dahin, dann aber schoß es wie ein Pfeil über die Ebenen, daß Gunan kaum noch die Umrisse der Jurten zu beiden Seiten erkennen konnte. Plötzlich verlangsamte das Pony seinen Galopp, als sei Gefahr im Verzug. Und da sah auch Gunan schon, wie vor ihm, unweit einer Jurte, ein Wolf sich auf ein kleines Mädchen stürzte. In Sekundenschnelle hatte Gunan seinen Bogen gespannt und geschossen.
Ssseng! Der Pfeil zischte durch die Luft und traf genau den Kopf des Wolfes. Als Gunan heranritt, konnte er nur noch feststellen, daß er den Wolf auf der Stelle getötet hatte.
Aus der Jurte kam eine alte Großmutter gelaufen. Sie schlug die Hände über dem Kopf zusammen, als sie sah, aus welcher Gefahr Gunan ihr Enkelkind gerettet hatte.
Dankbar lud sie den zielsicheren Schützen in ihre Jurte ein und bewirtete ihn mit Milchtee.
Die Alte überreichte Gunan einen Hammelknochen als Abschiedsgeschenk und sagte: »Nimm diesen Knochen mit, er wird dir von Diensten sein!«
Gunan bedankte sich, bestieg sein Pferd und ritt in nördlicher Richtung weiter.
Nach einem langen Ritt erreichte Gunan einen breiten Fluß, der ihm den Weg versperrte. Gunan überlegte, wie er wohl ans andere Ufer gelangen könnte und betrachtete prüfend die Strömung und das Wellenspiel. Auf einmal geriet das Wasser des Flusses in Wallung, und eine Riesen-

schildkröte tauchte aus der Tiefe auf. Die Schildkröte schwamm dicht ans Ufer heran und rief Gunan zu: »Junger Gesell, über diesen Fluß kommst du nicht hinüber, reite nur schnell wieder nach Hause!«
»Wieso, alter Freund?« rief Gunan zurück. »Schwierigkeiten gibt es immer, die kann man überwinden!«
»Wenn du so tapfer bist, junger Mann, dann hilf mir erst ein wenig!« bat die Schildkröte. »Mein linkes Auge tut mir weh, es schmerzt mich schon lange. Ich möchte es durch ein neues ersetzen. Das kann ich erst, wenn mir einer das alte Auge ausreißt. Komm gleich und hilf mir dabei!«
Gunan stieg zum Ufer hinab und riß der Schildkröte mit seinen Fingern den Augapfel heraus. Da quirlte das Wasser auf, und die Schildkröte verwandelte sich in einen Drachen. Flügelschlagend erhob er sich in die Luft und rief Gunan zu: »Du hast ein gutes Herz! Nimm zum Dank den Augapfel da mit dir auf die Reise, er wird dir noch gute Dienste leisten!« Nach diesen Worten schwebte der Drache davon und war bald nicht mehr zu sehen.
Gunan betrachtete nun den Augapfel in seiner Hand etwas genauer. Er traute seinen Augen nicht: das Auge hatte sich inzwischen in eine hellschimmernde Perle verwandelt. Gunan merkte, daß mit seinen eigenen Augen eine Veränderung vor sich ging, wenn er die Perle längere Zeit betrachtete. Auf einmal sahen sie hell und klar; aufs deutlichste konnte er fern am Horizont die Zelthütten unterscheiden. Zuversichtlich stieg Gunan wieder auf sein Pferd. Das Pony schien den Willen seines Herrn zu verstehen und seine Gedanken lesen zu können: mit einem kleinen Anlauf sprang es wiehernd in den Fluß. Gunan blickte sich erstaunt nach beiden Seiten um. Kaum hatte das Wasser die kostbare Perle benetzt, da wich es auch schon nach beiden Seiten auseinander. Die gewaltigen Wassermassen schichteten sich zu zwei durchsichtigen Wänden auf, zwischen denen ein trockener Pfad quer hindurchführte.

Ohne Mühe erreichte Gunan mit seinem Pony das andere Ufer. Hinter den Hufen des Pferdes floß das Wasser gleich wieder zusammen, als wäre es überhaupt nie anders gewesen.

Nach einem kurzen Galopp gelangte Gunan zu den Jurten, die er schon vom südlichen Ufer aus gesehen hatte. Vor einer Jurte saß ein hochbetagter Hirte und weinte herzzerreißend vor sich hin. Gunan sprang vom Pferde: »Großvater, warum weint Ihr so jämmerlich? Vielleicht kann ich Euch helfen. Sagt mir, was geht Euch so zu Herzen?«

Der alte Hirte wischte sich die Tränen aus dem Gesicht und erzählte schluchzend: »Meine Tochter, meine einzige Tochter, hat gestern der Königstiger geraubt. Ich weiß nicht, lebt sie noch, oder ist sie schon tot. Ich habe nur diese einzige Tochter! Aber du wirst mir nicht helfen können. Oh weh!« Und wieder begann der Alte loszuweinen.

»Grämt Euch nicht, alter Vater!« sagte Gunan und tröstete ihn: »Eure Tochter wird wieder zu Euch zurückkehren. Ich bin eben dabei, diesen Königstiger aufzuspüren. Finde ich ihn, dann rette ich Eure Tochter, so wahr ich hier stehe!«

Der alte Hirte sah unter Tränen auf und bat Gunan in seine Jurte. Um vieles erleichtert, setzte er ihm eine Schale Milchtee vor. Gunan blieb eine Weile bei dem Alten, trank den Tee, bedankte sich dann und ritt weiter.

Vor Einbruch der Nacht erreichte er das Revier des Königstigers. Die Felshöhle am Berg, in der das schreckliche Tier hauste, war schon deutlich aus der Ferne zu erkennen. Ein Dutzend Tiger hielten vor dem Eingang Wache.

Vorsichtig pirschte Gunan sich an die Höhle heran. Die Tigermeute hatte ihn jedoch schon gewittert und stürzte ihm entgegen. Gunan warf den Hammelknochen zwischen die Meute, um den sich sogleich die Bestien balgten und stritten. Unbehindert drang er dann in die Höhle ein.

Nach kurzem Suchen fand er dort das geraubte Mädchen. Die Hirtentochter erzählte ihm, daß der Königstiger bereits am frühen Morgen ausgezogen sei und wahrscheinlich nicht mehr lange auf sich warten lassen werde. Das Mädchen wollte Gunan irgendwo verstecken, der aber wollte davon nichts wissen. »Zuerst bringe ich dich in Sicherheit und führe dich heim zu deinem Vater!« sagte der tapfere Jüngling. Gunan hob das Mädchen vor der Höhle auf das buntscheckige Pony und ließ die Peitsche knallen. Wie der Sturmwind galoppierte das Pony den Berghang hinab. Als sie die Ebene erreicht hatten, sahen sie, wie durch ihren Galoppritt der gelbe Sand wie im Sturm aufgewirbelt wurde. Plötzlich bemerkten sie mit Schrecken, wie in dem fahlen Sandsturm ein Ungeheuer hinter ihnen herhetzte. Der Kopf war der eines Tigers, der Rumpf glich dem eines Menschen und war von oben bis unten mit goldenen Haaren bewachsen. Gunan wandte sich mit dem vollen Oberkörper auf dem Pferde um und schoß einen Pfeil ab, der dem Königstiger das linke Auge kostete. Vor Wut und Schmerz brüllte das Ungeheuer auf. Es spreizte die Mörderkrallen und warf sich mit einem einzigen Satz auf Gunan, riß ihn vom Pferde und schlug ihn mit seiner mächtigen Pranke bis über die Hüften in die Erde hinein. Hier half kein Überlegen. In Sekundenschnelle hatte Gunan sich wieder herausgearbeitet und versetzte seinerseits dem Scheusal einen solchen Hieb, daß es bis zum Hals in den Boden fuhr und nur noch der Kopf herausschaute. Augenblicklich zückte Gunan sein kurzes Schwert und stieß es der Bestie in den Schädel. Damit war das Schicksal des Königstigers besiegelt. Gunan zog den toten Körper aus dem Boden heraus, faßte ihn bei den Hinterläufen und sprang auf das Pony. Die Freude des alten Mannes war unbeschreiblich, als Gunan mit dem Mädchen wohlbehalten bei der Jurte anlangte. Der alte Hirte weinte nun wiederum, diesmal aber vor Freude.

Gunan hatte das Mädchen liebgewonnen, und der alte Hirte gab dem tapferen Jüngling gerne seine Tochter zur Frau. Die folgende Nacht verbrachte Gunan – nach langem Erzählen – unter dem Dache seines Schwiegervaters. Bei Sonnenaufgang bestieg er mit seiner Frau das Pony. Eben wollten sie losreiten, da hörten sie ein Toben und Tosen im Norden, das sich anhörte wie ein Orkan. Bald wurde ihnen klar: die Tigermeute, die sich gestern um den Hammelknochen gebalgt hatte, war hinter ihnen her. Geschwind brachte er seine Frau im Zelt in Sicherheit. Dann spannte er den Bogen und ließ einen Pfeil von der Sehne schnellen. Der Tiger an der Spitze des Rudels stürzte tödlich getroffen zu Boden. Jetzt zog Gunan sein Kurzschwert und ging mit großen Schritten der Meute entgegen. Ein wilder Kampf begann. Flink und verbissen fechtend erschlug Gunan gleich acht der Bestien. Die restlichen drei Tiger aber schien der Dampf des heißen Blutes bei dem Getümmel noch wilder zu machen, sie fielen Gunan um so wütender an.
Gunan spürte, wie seine Kräfte nachließen. Lange, so erkannte er, würde er nicht mehr durchhalten können. Der alte Hirte, der in vielen Dingen erfahren war, brachte nun die Rettung. In Eile hatte er ein Dutzend junger Männer zusammengerufen, die er nun heranführte. Mit Stangenlassos, die sie zum Pferdefang meist brauchten, fingen sie die drei Raubkatzen ein und überwanden so alle Gefahr. Gunan dankte den Männern herzlich für ihre Hilfe und überließ ihnen alle Tiger zur Beute, die er eben mit eigener Hand erlegt hatte. Die Segenswünsche aller Hirten begleiteten ihn, als er an diesem Morgen zum zweitenmal das Pferd bestieg. Unbehelligt erreichte er nun mit seiner Frau die Jurte seiner Eltern.
In den Augen des Khans spiegelten sich gleichermaßen Freude und Neid, als er sah, daß Gunan den Königstiger erlegt und auch noch ein holdes Weib heimgeführt hatte.

Gunans Frau mußte ihm nun das Königstigergewand anfertigen. Jedes Haar vom Fell des Königstigers sollte sie auf kostbaren Stoff aufnähen. Die junge Frau war sehr geschickt und schneiderte das Gewand so tadellos zurecht, daß sie es alsbald durch Gunan dem Fürsten überreichen lassen konnte.

Der Anblick des Prachtkleides ließ das Herz des Khans höher schlagen. Jedermann sollte nun wissen: der Khan besitzt ein Königstigergewand von unbezahlbarem Werte! Er beschloß bei sich, in diesem Gewand sich einmal im ganzen Fürstentum gebührend zur Schau zu stellen und bald eine große Rundreise durch seine Gebiete zu beginnen. Zuerst sollte die kostbare Erwerbung aber zu Hause gefeiert werden. In den nächsten Tagen ließ er neben seinem Großzelt eine Tribüne aufschlagen. Alle hohen Beamten des Khans wurden dann zu einem Freudenmahl eingeladen, das er auf der Tribüne anrichten ließ. In gebührendem Abstand von der Tribüne stand eine große Menschenmenge, die aus allen Himmelsrichtungen herbeigeströmt war. Jeder wollte einen Blick auf das Königstigergewand werfen.

Nach kurzer Zeit trat der Khan feierlich, begleitet von den Festmusikanten, an den Rand der Tribüne. Er gab ein Zeichen mit der Hand. Ein Diener höheren Ranges trug mit ernster und würdiger Miene ein gelbeingeschlagenes Paket auf die Tribüne. Der Diener schlug vor allen Augen die Umhüllung auf und entnahm ihr das goldstrahlende Königstigergewand. Dann hob er es nach drei Seiten in die Höhe, damit alle Zuschauer es sehen konnten. Wie in einer feierlichen Zeremonie half er nun dem Khan, das Gewand anzulegen. Kaum hatte der Khan das Gewand auf dem Leibe, da ging mit ihm eine sonderbare Veränderung vor. Augenblicklich verwandelte er sich in einen reißenden Tiger. Mit entsetzlichem Gebrüll sprang er unter das Volk und schlug zahlreichen Menschen mit seinen Fängen

tiefe Wunden. Alle Diener und hohen Beamten warfen sich entsetzt auf ihre Pferde und flohen in alle Richtungen. Gunan, der erst jetzt auf den Platz getreten war, wußte nichts von der Verwandlung. Er sah nur, daß ein Tiger von der Tribüne herab in die Menschenmenge sprang und blutdürstig unter den Umstehenden zu wüten begann. Er stutzte zuerst, griff aber dann ganz unwillkürlich nach seinem Köcher. Da erst wurde ihm bewußt, daß er keine Waffen bei sich trug. Als er zum Festplatz aufbrach, hatte er Pfeil und Bogen und auch sein Kurzschwert zu Hause gelassen. Er konnte keinen weiteren Entschluß mehr fassen, denn der Tiger stürzte in diesem Augenblick auch schon auf ihn los. Ruhig faßte Gunan Fuß und ließ den Tiger herankommen. Sein Blick galt nur dem Schwanz des Tigers. Ehe sich die Bestie versah, hatte Gunan sie schon beim Schwanz gefaßt und schleuderte sie im Kreise herum. Über zehnmal ließ Gunan dabei den Körper des Untiers mit aller Macht auf den Boden aufschlagen. Der Tiger blutete aus allen sieben Leibesöffnungen, zuckte noch ein paarmal und blieb dann tot auf dem Platz liegen. Die Leute zogen ihrem verwandelten Khan das Fell nicht ab, sondern verscharrten ihn einfach.
Gunan war nun sein eigener Herr und ritt von nun an täglich auf seinem buntscheckigen Pony zur Jagd aus.
Mit seiner kostbaren Perle heilte er die Augen der Leute aus nah und fern. Das Geschenk des Drachens erwies sich als wahre Wunderperle. Wenn die Alten diese Perle auch nur ein einziges Mal anschauten, wurden ihre trüben Augen wieder klar. Konnte einer kaum noch etwas sehen, so strich Gunan ihm mit der Perle nur leicht über die Augenhöhle, und schon war er geheilt.

[Märchen der Mongolen]

Das hölzerne Pferd

Ein Schmied und ein Tischler gerieten einmal in einen heftigen Streit. »Verglichen mit mir, bist du doch ein arger Pfuscher und Stümper«, sagte der Tischler. »Der bessere Handwerker bin ich«, sagte der Schmied, »das steht doch längst fest.«

Die beiden Streithammel gaben nicht nach, denn keiner wollte dem anderen eine Vorrangstellung zubilligen. Sie vereinbarten schließlich, ihren Fall vor den König zu bringen und sich seinem Urteil dann zu beugen.

Der König war sehr erstaunt, zwei Handwerker vor sich zu sehen und fragte von seinem Thron herab nach ihrem Begehr. Der Tischler ergriff sogleich das Wort und sagte: »Majestät, dieser Schmied hier will mir weismachen, er habe bei seinem Handwerk mir einiges voraus. Dabei weiß doch jeder, daß es einen besseren Tischler als mich auf der ganzen Welt nicht noch einmal gibt!«

Der Schmied fiel ihm alsbald ins Wort und beklagte sich in ähnlichen Worten über den Tischler. Beide aber baten zuletzt den König, ihren Streitfall gnädig zu entscheiden und ein endgültiges Urteil über ihre Fähigkeiten und Vorzüge zu fällen. Der König hatte schweigend zugehört und schwieg eine ganze Weile, dann sagte er: »Ich kenne euch nicht und habe noch nie ein fertiges Stück aus eurer Werkstatt gesehen. Wie sollte ich dann urteilen können? Ich gebe euch zehn Tage Zeit. Innerhalb dieser Frist kann jeder kommen und mir ein Werk von ihm zur Ansicht vorlegen. Am elften Tag fälle ich meine Entscheidung.«

Nach zehn Tagen schleppte der Schmied einen riesigen

Fisch aus Eisen an, der Tischler aber erschien mit einem Holzpferd vor dem König.

»Was soll das denn?« fragte der Herrscher, »wollt ihr mich zum Narren halten?«

»Ihr könnt Eure Entscheidung sofort fällen«, erwiderten beide. Der Schmied klopfte dabei selbstsicher an den Bauch des Fischungeheuers, und der Tischler streichelte den Hals des Holzpferdes.

»Was soll denn ein Fisch aus Eisen?« fragte der König mit spöttischem und abschätzigem Lächeln.

»Majestät, das ist ein wackeres Meerestier«, sagte der Schmied mit stolzgeschwellter Brust, »Ihr könnt in den Bauch dieses Fischleins hunderttausend Sack Getreide schütten,aber dieses Gewicht macht ihm nicht viel aus. Das Fischlein schwimmt mit dieser Fracht im Bauch immer noch leicht und munter auf dem Meere.«

Der König blickte ungläubig auf den Schmied und auf den Eisenfisch und ließ hunderttausend Sack Getreide herbeischaffen. Nach einiger Zeit wurde das schwerbeladene Ungetüm zu Wasser gelassen. Der König wunderte sich nicht wenig, als der Riesenfisch dann ganz im Wasser lag und mit unglaublicher Geschwindigkeit durch die Wellen jagte. Der König geizte nicht mit Lob und verlieh dem Schmied in gnädiger Laune den Titel eines königlichen Straßenvogts.

Mit geringschätzigem Blick wandte sich der Herrscher nun dem Tischler zu:

»Nun, willst du mit diesem Holzgaul den Wunderfisch des Schmiedes etwa übertrumpfen? Dieses Kinderspielzeug hättest du ruhig zu Hause lassen können.«

Der Tischler blieb ganz ruhig:

»Majestät, mein Pferd ist ein Wunderpferd, das diesen plumpen Eisenfisch bei weitem übertrifft. Um es kurz zu sagen, dieses Pferd übertrifft die edelsten Rennpferde der Welt, denn es kann fliegen. Sechsundzwanzig Schrauben

sind daran angebracht: Dreht man an der ersten Schraube, so hebt sich das Pferd vom Boden in die Luft, dreht man an der zweiten, so beginnt es schneller zu fliegen, wie eine Schwalbe etwa – dreht man schließlich alle sechsundzwanzig auf, so jagt es durch das Wolkenmeer dahin wie ein Pfeil, schneller als die Segler der Lüfte und Adler.
Mit diesem Pferd, Majestät, kann man die Welt sicher und mühelos bereisen.«

Mit großer Verwunderung hatte der junge Prinz in der Nähe des Thrones diese Worte mitangehört. Bei der Aussicht, einmal sich vom Boden erheben und fliegen zu können, packte ihn die Neugier, und er bat seinen Vater, mit dem Pferde einmal einen Versuch machen zu dürfen.

»Das kann ich nicht zulassen«, antwortete der König. »Fliegt das Ding nicht, so bist du blamiert, weil du aufgestiegen bist; fliegt aber das Pferd, so könntest du allzu leicht abstürzen.«

Der Tischler aber beruhigte den König: »Majestät, da kann gar nichts passieren. Aufstieg und Flug sind völlig ungefährlich. Ich würde dem Prinzen nur empfehlen, nicht gleich alle Schrauben aufzudrehen.«

Diese Worte ermutigten den Prinzen, immer mehr in seinen Vater zu dringen und ihm die Erlaubnis abzubetteln.

Der König hatte seinem Liebling noch nie eine Bitte abgeschlagen und gab schließlich trotz aller Bedenken nach: »Nun gut, dann steige eben auf. Aber auf keinen Fall darfst du mehr als eine Schraube aufdrehen. Hörst du, das mußt du mir versprechen!«

Der Prinz versprach es seinem Vater hoch und heilig bei Allah, schwang sich auf das Holzpferd, drehte eine Schraube auf und hob sich sachte vom Boden. Die Umstehenden stießen Rufe des Staunens und Entzückens aus, der Prinz schwebte höher und höher, ließ Bäume und Dächer bald unter sich und war bald nur noch als winziger Punkt am Horizont zu sehen.

Wie der königliche Reiter nun unter sich Städte, Dörfer, Wälder, Flüsse und Berge dahingleiten sah, und er sich auch in seinem Sattel in so luftiger Höhe ganz wohl fühlte, da zwickte ihn die Neugier von neuem. Allzu gern wollte er noch schneller fliegen und einmal durch die Wolken jagen. Bald konnte er diesem Verlangen nicht mehr widerstehen; er drehte die Schrauben auf, eine nach der anderen, alle fünfundzwanzig. Da pfiffen die Winde um seine Ohren! Es ging jetzt so schnell, daß er unter sich in der Landschaft nichts mehr erkennen konnte, es war nur noch ein einziger buntscheckiger Teppich, und bald entschwand auch dieser seinen Blicken. Pfeilgeschwind schoß er durch die Wolken und durch das azurne Blau des Himmels dahin. Voller Seligkeit saß er auf seinem Wunderpferd und flog Stunde um Stunde.

Aber auch in den Lüften meldet sich bei Menschen der Magen nach einiger Zeit, und so zwickte auch den Prinzen nach einigen Stunden der Hunger.

Er steuerte das Pferd schnell nach unten und erkannte, daß er mit großer Geschwindigkeit auf eine große, ihm unbekannte Stadt herunterstürzte. Er drehte schnell die Schrauben zu, eine nach der anderen, und verlangsamte so nach und nach die Geschwindigkeit. Roß und Reiter landeten schließlich sanft und wohlbehalten auf der Erde. Die Stadt und die Menschen um ihn her waren fremd. Er mußte sehr weit entfernt von seinem Heimatlande sein. Und das alles nach ein paar Stunden Luftritt! Der Prinz versteckte sein hölzernes Pferd in einem dichten Gebüsch und kehrte erst einmal in einem Gasthaus ein. Nach diesem Erlebnis ließ er sich nun eine köstliche Mahlzeit schmecken. Dann fragte er um ein Nachtlager und ging hochbefriedigt zu Bett.

Am nächsten Tag brach er früh auf, um sich die Stadt anzusehen. Gemächlich schlenderte er durch die Straßen und gelangte schließlich zu einem großen Platz, auf dem

viele Menschen sich versammelt hatten. Alle reckten die Hälse und starrten zum Himmel empor. Der Prinz trat neugierig hinzu, mischte sich unter die Menge und spähte ebenfalls in die Höhe, was es da wohl zu sehen gäbe. Die Sonne schien, die Luft war rein und klar, am Himmel zogen einige Wolken dahin, aber er konnte nichts Besonderes bemerken. So stieß er denn mit dem Ellbogen seinen Nachbarn an und fragte, was es denn da eigentlich zu sehen gäbe. Der Mann sah den Prinzen erstaunt an, beguckte ihn sich von oben bis unten und sagte dann: »Ja, wo kommst du denn eigentlich her? Hast du noch nie von unserer Prinzessin gehört?« Der Prinz verneinte und bat den Mann, ihm Näheres zu erzählen. Der Mann schüttelte immer noch verwundert den Kopf und berichtete ihm dann lang und breit, wie eben ein Einheimischer einem Fremden über die wichtigsten Vorkommnisse in der eigenen Stadt zu berichten pflegt.
»Unsere Prinzessin«, sprach der Mann und blickte aber immer wieder bei seiner Erzählung zum Himmel empor, »das ist das anmutigste und lieblichste Geschöpf, das Allah je erschaffen hat. Der König liebt sie abgöttisch, aber er gönnt niemandem sonst den Anblick ihrer wundersamen und unaussprechlichen Schönheit. Der Palast hier in der Stadt schien ihm gar nicht sicher genug, und so hat er ihr in den Wolken ein Luftschloß bauen lassen. Dort hat sie es zwar sehr schön, wie man sich erzählt, aber sie wohnt eben da oben ganz allein.
Jeden Tag, wenn es seine Geschäfte am Hofe erlauben, fährt er gleich hinauf zu seiner Tochter, um sie zu sehen und ihr Gesellschaft zu leisten. Heute fuhr er schon früh hinauf und ist schon lange oben, er muß nun bald wieder herunterkommen. Das Volk steht hier und erwartet wie immer seine Rückkehr vom Himmel, es ist immer ein prächtiges Schauspiel.«
Der Prinz war über diese Worte sehr verwundert und

fragte ungläubig: »Wie kann ein König denn in den Wolken ein Schloß bauen lassen?«
»Junger Mann«, sagte sein Nachbar, »das ist ja auch kein gewöhnliches Schloß, das haben ja auch Geister erbaut! Nur dem König ist es möglich, dorthin zu gelangen. Unsereiner war noch nie da oben!«
Der Prinz war über die Maßen verwundert. Die Neugier packte ihn wieder, wie so oft schon, und er faßte einen Entschluß. Das Schloß ließ ihm keine Ruhe, er wollte es suchen gehen. Kaum war die Nacht hereingebrochen, da zog er sein Holzpferd aus dem Gebüsch, schwang sich in den Sattel, drehte eine Schraube nach der anderen allmählich auf und sauste in den Lüften mal hierhin, mal dorthin. Nach einigen Ritten in verschiedene Himmelsrichtungen erblickte er auch tatsächlich bald ein prächtiges, schloßähnliches Gebäude in den Wolkenbergen. Er brachte sein Pferd vor dem Tore zum Stehen, sprang aus dem Sattel und trat durch das Tor in die große Schloßhalle. Die Königstochter hörte die Schritte des Prinzen und dachte zuerst, ihr Vater sei nochmals gekommen; als aber ein junger Mann, der ihr völlig fremd war, in ihr Gemach trat, glaubte sie, ein Engel des Himmels sei zu ihr gekommen. Nie hatte sie in diesem Schloß außer ihrem Vater einen gewöhnlich Sterblichen gesehen. Sie erhob sich demütig und eilte der vermeintlichen Engelsgestalt zum Empfang entgegen.
Der Prinz war wie vom Blitz getroffen, so tief hatte ihn der Anblick ihrer Schönheit berührt, er konnte sich gar nicht satt sehen an ihrer Gestalt und ihrem lieblichen Antlitz. Eine tiefe Sehnsucht ergriff ihn, er verliebte sich auf der Stelle in sie und wünschte sich insgeheim, dieses wunderbare Geschöpf als Gemahlin einmal mit in sein Land führen zu können.
Die Prinzessin, die so sehr von allen Menschen abgeschnitten war, hatte in ihrem Herzen auch sogleich eine

Zuneigung zu dem Jüngling gefaßt, dessen edle Gestalt sie bewunderte. Jetzt erst kam ihr so recht in den Sinn, wie sehr ihr Vater sie in solcher Abgeschiedenheit verborgen hielt. In ihrem Herzen waren zarte Regungen geweckt. In ihren Augen stand geschrieben, wie sehr sie sich nach Zärtlichkeit und Liebe sehnte.

Der Prinz und die Prinzessin erkannten beide, wie sehr die Liebe über sie gekommen war, sie fielen einander in die Arme, küßten und herzten sich und hielten sich lange fest umschlugen.

Als es dämmerte und der erste helle Schein hinter den Wolken sichtbar wurde, bestieg der Prinz sein Pferd, ritt zu dem Gebüsch zurück und trat in das Gasthaus, wo er nach seiner Ankunft in der Stadt abgestiegen war. Der König, der ein mißtrauischer Mann war, wußte wohl, daß heiße Liebe zwischen Mann und Frau das Körpergewicht des Weibes zu erhöhen vermag. Er hatte daher an jedem Tag die Prinzessin auf eine Waage gesetzt und gewogen. Bei seinem Besuch am Nachmittag sah er nun, daß die Prinzessin zwei Pfund zugenommen hatte. Er war außer sich vor Wut und Grimm, seine Augen blickten finster, und sein Bart sträubte sich vor Ärger. Er kehrte sofort in seine Residenz zurück und rief den Kronrat zusammen. Die Hofleute und Würdenträger sahen sogleich, daß sich auf dem Gesicht des Königs ein gewaltiger Unmut gleich einem Unwetter spiegelte und fragten besorgt nach dem Grund des königlichen Ingrimms. Der König berichtete ihnen zornbebend die Geschichte und schrie: »Wer soll denn außer mir in dem Luftschloß gewesen sein! Das geht nicht mit rechten Dingen zu! Sagt mir sofort, wie wir den Übeltäter fassen können!«

Die Hofräte wiegten die Köpfe und meinten schließlich: »Vier tapfere Soldaten müssen zum Schloß entsandt und an den Ecken des Gebäudes als Wachen postiert werden. Erscheint der Ruchlose, so wird er sicher ergriffen werden!«

Der König nahm diesen Vorschlag seiner Berater an. Er wählte vier bewährte Haudegen aus, nahm sie mit sich zum Luftschloß und zeigte ihnen ihre Plätze an den vier Ecken.
Dann kehrte er, immer noch grollend, zur Erde zurück. Die vier Helden waren aber das lange Stehen im Reiche der Wolken nicht gewohnt und fielen bald in einen süßen und tiefen Schlaf. Der Prinz gelangte abermals ungehindert in den Palast und in die Gemächer der Prinzessin. In der Morgendämmerung schlich er sich an den immer noch schnarchenden Wachen vorbei und konnte das Schloß unbemerkt wieder verlassen.
Der König erschien schon am späten Vormittag und setzte die Prinzessin sogleich auf die Waage. Oh Schreck! Das schöne Mädchen hatte über Nacht nicht mehr und nicht weniger als acht Pfund zugenommen! Die Wachen erbleichten, denn die Augäpfel seiner Majestät begannen vor Zorn zu rollen, und das Gesicht färbte sich dunkelrot. Da der König aber glaubte, die Wachen hätten an allen vier Ecken des Schlosses schlaflos gewacht, wußte er sich nicht zu helfen.
Bald sickerten diese schlimmen Nachrichten auch in der Stadt durch, und die wildesten Gerüchte über die geheimnisvollen Vorgänge im Luftschloß waren alsbald im Umlauf. Der König schämte sich sehr und ließ sich kaum mehr vor den Leuten blicken. In seiner Not fragte er einen hochverdienten alten Würdenträger um Rat. Dieser schlug vor, Bett und Sessel der Prinzessin mit Farbe zu bestreichen. »Wer in unserem Lande am Morgen dann Farbe an seinem Gewande trägt, der ist der Übeltäter.«
Diesen Vorschlag setzte der König sogleich in die Tat um. Die Hofmaler wurden zum Luftschloß gebracht und mußten Bett und Sessel der Prinzessin sorgsam mit Farbe bestreichen. Am Abend wurden die Wachen wiederum an den vier Ecken postiert; da aber die Leute vor lauter Auf-

regung ganz erschöpft waren, schliefen sie nach einigen Stunden wieder selig ein.

Der Prinz verlebte auch in dieser Nacht wundersame Liebesstunden bei seiner Erwählten und entkam vor Sonnenaufgang mühelos seinen Häschern.

Wie er nun beim Heimflug so auf seinem Pferde saß, fielen ihm allerlei Farbflecken und Tupfen auf seinem Obergewand auf. Er begann Verdacht zu schöpfen, zog das Kleid aus und besah es sich von allen Seiten. Die herrliche Seide war an mehreren Stellen beschmiert, selbst die kostbaren Edelsteine in ihrer goldenen Fassung, meisterhaft auf das Gewand aufgenäht, waren durch dicke Farbkleckse ganz unkenntlich geworden. Dies alles kam dem Prinzen verdächtig vor, und er ließ das Gewand einfach fallen. Wie ein Riesenvogel, der seine Schwingen ausbreitet, segelte es zur Erde nieder.

Der alte Muezzin, der seit Jahrzehnten schon die Gläubigen der Stadt zum Gebet zusammenzurufen pflegte, stand zu dieser Stunde eben wieder auf dem Minarett der Moschee und erhob die Hände zum Morgengebet. Da sah er, wie ein riesiges Stück Tuch vom Himmel herabgeflattert kam, so dicht am Minarett vorbei, daß er danach greifen konnte. Er stellte sich auf die Zehenspitzen, streckte die Arme aus und konnte das Gewand gerade noch am Saume packen. Voller Erstaunen besah er sich das seidene Gewand, das mit Edelsteinen besetzt war. Der Muezzin, der ein strenggläubiger Mann war, glaubte an ein Geschenk Allahs, das der Allmächtige ihm für seine treuen Dienste vom Himmel herabgeworfen habe. Der alte Gebetsausrufer dachte daran, wie er treu und brav ein Leben lang dem Allmächtigen in frommer Andacht ohne Murren gedient hatte. Warum sollte Allah ihm nicht einmal ein besonderes Zeichen seiner Gnade senden? Dankbar hob er das Gewand auf und lobte Gott aus tiefstem Herzen.

Die Bevölkerung der Stadt versammelte sich nach Sonnen-

untergang zur Abendandacht, wie an jedem Tag in der Moschee. Der alte Muezzin hatte das vom Himmel gefallene Gnadengewand angelegt und warf sich mit verklärten Zügen zum Gebet nieder. In der ganzen Stadt aber waren seit Stunden die Häscher des Königs unterwegs, die alle Untertanen genau in Augenschein nahmen. Und damit brach das Verhängnis über den Alten herein. Mit roher Gewalt rissen ihn die Späher aus seinem Gebet, zerrten ihn aus der Moschee und schleppten ihn vor den Thron.
Der erboste König herrschte ihn an:
»Woher kommen denn die Farbflecken auf deinem Gewand?«
Der Muezzin, der etwas schwachsinnig war und geglaubt hatte, die Tupfen gehörten zum Farbmuster, antwortete verwirrt: »Die Tupfen? Ich weiß nicht! Das Gewand war so gefärbt, als ich es von Allah bekam!«
Der König hielt auf Grund dieser Aussage den unschuldigen Muezzin für einen ganz gerissenen Schwindler und rief: »Von Allah, von Allah will er es bekommen haben! Werft ihn in den Turm und fragt ihn dort noch einmal. Wir werden dir deine Schwindeleien bald austreiben!«
Der Alte wurde in den Turm geworfen und in einem hochnotpeinlichen Verhör auf die Folter gespannt. Da er immer nur von Allah und seinem Geschenk etwas stammelte und etwas Klares aus ihm nicht herauszupressen war, verhängte der Kadi das Todesurteil ohne viel Umstände einfach mit dem Hinweis auf die unheilvollen Farbflecken.
Der beim Verhör übel zugerichtete Muezzin wurde sogleich zum Richtplatz geführt.
Die Leute in der Stadt hatten inzwischen erfahren, daß man den Schuldigen erwischt habe. Alles strömte auf dem Richtplatz zusammen, um den wagemutigen Abenteurer zu sehen, der es fertiggebracht hatte, in den Himmel zu fliegen, in das Luftschloß einzudringen und die Prinzessin gar in der Nacht zu besuchen. Alle glaubten, gleich werde

ein verwegen und stolz aussehender Jüngling herangeschleppt. Ein enttäuschtes, ungläubiges Gemurmel brandete durch die Volksmenge, als bald darauf die Büttel den wimmernden alten Muezzin zum Hochgericht schleiften. Das konnte doch nicht möglich sein! Ein Irrtum, ein Justizverbrechen! Das war die einhellige Meinung des Volkes. In allen Ecken und Enden der Stadt taten sich Gruppen zusammen, und alt und jung disputierte heftig über diesen offensichtlichen Fehlgriff des Hofgerichts. Die Kunde davon drang durch alle Straßen und erreichte bald auch das Wirtshaus, in dem der Prinz sich von seinen nächtlichen Liebesbesuchen ausruhte.
Da der Prinz ein ehrenwerter junger Mann war, riß ihn sein Gewissen sofort von seinem Lager. Er schwang sich auf sein Holzpferd und jagte zur Richtstätte.
Der Henker hatte dem alten Muezzin eben die Schlinge um den Hals gelegt.
»Haltet ein!« rief der Prinz, »haltet ein! Der Alte ist unschuldig. Ich bin zum Luftschloß geflogen und habe die Prinzessin besucht. Das Gewand mit Farbflecken ist meines! Ich habe es abgeworfen, und der Alte hier hat es wohl gefunden. Laßt den Alten hier sofort frei. Wenn es sein muß, dann hängt mich auf!«
Ein erstaunter Aufschrei ging durch die Volksmenge. Der Henker hielt ein und schickte einen Eilboten zum König. Dieser meldete dem dumpf vor sich hinbrütenden Herrscher, ein unbekannter Jüngling habe sich unerklärlicherweise selbst besagten Verbrechens schuldig bekannt. Seine Majestät, so ließ der Henker durch den Boten ebenfalls fragen, möge nun entscheiden, welcher von beiden, der Junge oder der Alte, nunmehr hinzurichten sei. Kurz und bündig verfügte der König: »Hängt den Jungen auf!«
Der Henker befreite hierauf den armen Muezzin von seinen Todesängsten, indem er die Schlinge von seinem Halse nahm und ihn kurzerhand laufen ließ. Den Bütteln aber

befahl er, den Jüngling in Fesseln zu legen. Der Prinz hatte die Lage sofort erkannt, war mit einem Satz auf sein Holzroß gesprungen, hatte die Höhenschraube mit blitzschnellem Griff aufgedreht und entschwebte unter dem brausenden Beifall der Volksmenge. Wie zum schieren Vergnügen tat er über dem Richtplatz noch einige Luftsprünge und jagte dann den Wolken entgegen.
Als der König von dieser Wendung der Vorgänge erfuhr, geriet er vor Zorn fast außer sich. Hatte er nicht eine große Zahl von Wächtern, Häschern, Spähern und Schergen in seinen Diensten? Die Wut ließ ihn aufschreien und packte ihn mit solcher Gewalt, daß ihm die Sinne schwanden und er in eine tiefe Ohnmacht fiel.
Der Prinz, hoch oben in den Lüften, war nach seiner Flucht vom Richtplatz gleich den Wolken entgegengejagt und zum Schloß der Prinzessin geflogen.
»Mein Liebling«, sprach er zu ihr, »dein Vater hat unser Geheimnis entdeckt! Wir haben nur eine Wahl: Trennung oder Flucht! Der Gedanke, von dir getrennt zu werden, ist mir aber unvorstellbar. Laß uns zusammen fliehen! Wir gehen heim in mein großes und schönes Land. Mein Vater wird dich gewiß huldreich und in Liebe aufnehmen. Wir aber sind dann für immer vereint!«
Die Prinzessin sank ihrem Geliebten in die Arme und erwiderte nur:
»Dein bin ich, dein bleibe ich. Wohin du gehst, dorthin will ich mit dir gehen!«
Eiligst verließen sie das Schloß. Der Prinz sprang auf das Holzroß und hob die Prinzessin zu sich herauf. Der Prinz drehte nur einige Schrauben auf, damit die Prinzessin sich nicht erschrecke.
Als sie schon mehrere Stunden geflogen waren, rief die Prinzessin auf einmal: »Ach, meine Edelsteine! Ich habe die zwei Edelsteine im Schloß vergessen, die mir meine Mutter einstmals schenkte, damit ich sie den Eltern mei-

nes künftigen Gemahls als Geschenk der Braut überreichen könne. Mein Geliebter, halt an, ich muß die Edelsteine holen!«
Der Prinz jedoch gab zu bedenken: »Laß es sein, Liebste! Wir sind schon so weit geflogen. Und jetzt sollen wir wieder umkehren! Laß uns weiterfliegen!«
Die Prinzessin aber beruhigte sich nicht und fing zu jammern an: »Ach, wie werden mich die Leute auslachen, wenn ich mit leeren Händen vor deine Eltern trete. Ein schrecklicher Gedanke, ach, meine schönen Steine!«
Das ständige Jammern stimmte schließlich den Prinzen nachgiebiger, er stellte eine Schraube nach der anderen ab und ließ das Pferd zur Erde schweben. »Nimm das Pferd und hole die Edelsteine«, sagte er, »aber komm sogleich wieder zurück, ich werde hier auf dich warten!«
Die Prinzessin umarmte und küßte ihren Geliebten und schwang sich auf das Holzpferd. Der Prinz erklärte ihr kurz die Wirkung der einzelnen Schrauben, und sie flog davon. In seinem Thronsaal hatten inzwischen der Hakim und die Würdenträger sich aufgeregt um den ohnmächtigen König bemüht. Mit kalten Umschlägen und allerlei Essenzen schafften sie es, ihn bald wieder zum Bewußtsein zurückzurufen.
Kaum hatte er die Augen aufgeschlagen, da griff er auch schon zu den Zügeln seines eigenen Wolkenpferdes und jagte schleunigst zum Himmel empor. Was mußte er sehen? Der Käfig war leer, der seltene Vogel ausgeflogen. Einsam und verlassen stand das Luftschloß da. Mit verzweifelten Blicken suchte er die Wolken und die Himmelsweiten ab. Da, auf einmal, kommt ein Pferd hinter den Wolkenbergen hervorgeschossen! Auf dem Pferd sitzt die Prinzessin und schlägt den Weg zum Palast ein. Der König schlüpft schnell hinter einen Vorhang und läßt sie ahnungslos über die Schwelle treten. Wie sie in ihr Gemach eilen will, legen sich zwei starke Arme um sie. Der

König hat den Ausreißer wieder gefangen. So schleppte er sie nun wieder zur Erde zurück, hielt ihr eine lange Strafpredigt und schloß sie in einem Zimmer des Palastes ein. Den Holzgaul, dessen Schrauben er nicht zu bedienen verstand, ließ er in die königliche Rumpelkammer werfen. Nach all diesen Vorkommnissen kam dem König nach einiger Zeit aber doch der Gedanke, daß es wohl das beste sei, die Prinzessin baldmöglichst zu verheiraten. Besser gesagt, als getan! Welcher Königssohn aber würde je eine gefallene Prinzessin freien? Welcher Prinz in den Nachbarländern hatte wohl nicht von dem Fehltritt seiner Tochter gehört, da sich das Gerücht in alle Lande wie ein Lauffeuer verbreitete? Sollte es ein tugendsamer Ritter unter diesen Umständen noch wagen, um die Hand der Schönen anzuhalten?
Der König überlegte hin und her. In seiner Bedrängnis fiel ihm ein, daß vor Jahr und Tag einmal ein König aus fernem Lande für seinen Sohn und Thronfolger wegen einer ehelichen Verbindung hatte anfragen lassen. Der Ruf von der ungewöhnlichen Schönheit der Prinzessin war damals bis in dieses ferne Land gedrungen. Der König hatte damals den außerordentlichen Gesandten jenes Landes wieder unverrichteter Dinge nach Hause geschickt, jetzt aber schien ihm dieser Freier aus der Ferne gerade der rechte zu sein. Je weiter von hier entfernt, desto besser, sagte er sich. Mitten in der Nacht stand er auf und entwarf ein sehr kluges und schmeichelhaftes Handschreiben. Mehrmals änderte er den Text ab und ersetzte einige Worte durch noch eingängigere und schmeichelhaftere. Er bestallte einen Sonderbotschafter, nachdem er aufgestanden war, und las ihm höchstpersönlich das Schreiben vor:

Königlicher Bruder!
Ich bringe durch diese Zeilen Euch zur Kenntnis, daß meine in allen Künsten weiblicher Tugend geübte Tochter

nunmehr das heiratsfähige Alter erreicht hat, ich hinwiederum dero Vermählung mit Eurem trefflich erzogenen Sohn – vor allen anderen – durchaus geneigt gegenüberstehe. Familiäre Bande zwischen unseren Häusern können dadurch angeknüpft, freundschaftliche Beziehungen zwischen unseren Landen können hierdurch gefestigt und für ewig gesichert werden.
Möge seine Hoheit, der Thronfolger, sich in Begleitung seiner treuesten Ritter auf die Reise begeben, um hierzulande seine zukünftige Gemahlin in Empfang zu nehmen. Ein feierlicher Empfang wird für ihn vorbereitet und das Wappen Eurer Familie wird neben die Hoheitszeichen unseres Geschlechts zu des Tages Feier auf die Fahnen geheftet werden. Wir schließen hiermit und versichern Euch unserer tiefsten Verehrung und Hochachtung.

Viele Tagesreisen entfernt – wenn man zu Fuß von einem Orte zum anderen hätte wandern müssen – wartete der Prinz auf seine Geliebte. Er ging hin und her, er legte sich hin, er begann zu singen, er wartete und wartete, aber sie kam nicht zurück.
Er hatte sich zu seinem Unglück in einer Wüste niedergelassen. Soweit das Auge reichte, man sah nur Sand, nichts als Sand. Der Wind wirbelte die feinen Sandkörner in ganzen Wolken auf, und der Sand drang durch die Kleidung bis auf die Haut. Kein Gebüsch, kein Hälmchen Gras war zu sehen; mit jedem Schritt sank er tief im trockenen Sande ein.
Der Prinz bestieg den Kamm einer großen Düne und kämpfte sich schweißbedeckt bis zum höchsten Punkte hoch. Noch ehe er einen Blick auf die andere Seite der Düne werfen konnte, kam der Sandberg ins Rutschen. Wie eine dünne Eisdecke zur Zeit der Frühlingsschmelze unter den Füßen einbricht, sackte er abwärts und glitt mit den gewaltigen Sandmassen in einem Zug nach unten. Wie

er nun, über und über mit Sand bedeckt, schließlich wieder zum Halten kam, lag er in einem großen Obstgarten. Die herrlichsten Früchte prangten auf den Bäumen, und aus dem dichten, duftiggrünen Laubwerk leuchteten ihm viele wunderbare Pfirsiche entgegen. Er langte empor und pflückte sich eine Handvoll. Durstig wie er war, biß er gierig hinein, und der süße Saft lief ihm übers Kinn herab. So stillte er seinen Durst und Hunger und legte sich im Schatten der Bäume zur Ruhe nieder. Bald schlummerte er ein.

Als er nach einigen Stunden wieder erwachte und sich den Schlaf aus den Augen rieb, fühlte er an seinen Wangen merkwürdig lange Haare. Erstaunt fuhr er sich übers Gesicht und stellte fest, daß ihm während des Schlafs ein langer Bart gewachsen war. Der Prinz hatte sich noch nie einen Bart wachsen lassen, und so konnte er auch keine Freude über die ziemlich langen Barthaare empfinden. Während er so grübelte und mit der Hand sich über seinen eigenartigen Bart strich, bekam er wieder Hunger. »Wer weiß«, dachte er, »vielleicht sind doch die Pfirsiche nicht ganz geheuer.« Und so holte er sich diesmal einige schöne Birnen vom Baum. Das Fleisch dieser Früchte war saftig, kühl und zart. Die Schale war ganz dünn, er brauchte die Birnen gar nicht zu schälen. Die schmeckten ihm so gut, daß er weit mehr davon aß, als von den köstlichen Pfirsichen. Dann streckte er sich wieder auf dem Rasen aus und schlief alsbald wieder ein. Beim Erwachen blickte er erstaunt um sich, denn es war Abend geworden, der Garten lag bereits in tiefem Dämmerlicht. Gemächlich stand er auf, reckte und streckte sich, und stieß mit dem Kopf gegen einen herabhängenden Ast. Da fühlte er eine drükkende Last über seinen Schläfen. Er fuhr mit der Hand über seinen Kopf und wollte vor Schreck fast in die Knie sinken: Aus seinem Kopf waren dicke, mächtige Hörner gewachsen. Im gleichen Augenblick sah er, wie der Bart ihm schneeweiß inzwischen über die Brust gewachsen war. Wie abscheulich mußte er jetzt aussehen! Einen bärtigen, gehörnten Teufel würde die Prinzessin nun vorfinden. Ihre Liebe würde ihm nie mehr gehören. Bitterlich weinend warf er sich ins Gras und schluchzte, bis ihm vor Müdigkeit schließlich die Augen zufielen.

Er warf sich im Gras unruhig hin und her und begann zu träumen. Ein ehrwürdiger Greis erschien ihm im Traume, strich sanft über sein Haar und fragte ihn mit gütiger Stimme: »Was fehlt dir, mein Sohn?« Der Prinz erzählte ihm von seiner schrecklichen Verwandlung, die nun alle seine Lebenshoffnungen für immer begraben habe. Der Alte beruhigte ihn und sagte: »Du bist in Satans Garten geraten und hast großes Glück gehabt. Wenn die Teufelsbrut nicht gerade schliefe, hätte sie dich schon längst mit Haut und Haaren aufgefressen. Die Früchte an den Bäumen sind Teufelsfrüchte. Aber du kannst dich wieder in deine menschliche Gestalt zurückverwandeln, du brauchst nur von den Pfirsichen und Birnen zu essen, die unter den Bäumen im Grase liegen. Aber ich rate dir, verlasse dann schleunigst diesen unseligen Ort!«

Der Schreck, der den Prinzen im Traume durchzuckte, war so groß, daß er erwachte. Er fuhr hoch und rieb sich die Augen. Der Nachtwind rauschte kühl durch die Blätter, und der Mond stand hoch am Wolkenhimmel. Von der Hitze der Wüste war nichts mehr zu spüren. Wie ihn der gute Greis im Traume geheißen hatte, aß er schnell von den im Grase dorrenden Pfirsichen und Birnen. Und siehe da, der Bart verschwand, und die Hörner schrumpften ein. Nicht das kleinste Stümpfchen blieb davon zurück. Er war wieder er selbst.

Wer weiß, dachte sich der Prinz, wie ich es noch gebrauchen kann und riß geschwind ein paar Zweige ab, flocht ein Körbchen daraus und füllte es bis zum Rand mit frischen und gedörrten Früchten. Dann rannte er, wie von

der ganzen Teufelsbrut gehetzt, aus dem verwunschenen Garten. Er kannte keine Richtung und hatte keinen Anhaltspunkt, wo seine Heimat oder die Stadt der Prinzessin lag. Auf gut Glück stapfte er durch die Sanddünen, sieben Tage und Nächte lang. War er hungrig, so aß er von seinem Dörrobst, schmerzten ihm seine Füße, legte er sich nachts in den kühlen Sand. Kein Vogel war in der Luft zu sehen, kein menschliches Wesen zeigte sich. Am Morgen des achten Tages gelangte er endlich an eine Karawanenstraße. Mit einem Seufzer der Erleichterung hockte er sich am Straßenrand nieder und wartete. Es dauerte auch nicht lange, da kam ein Eseltreiber des Wegs daher. Der Prinz brachte von ihm in Erfahrung, daß seine Heimat im Osten, die Stadt seiner Prinzessin aber im Westen lag. »Meine Prinzessin habe ich verloren, mein Holzpferd ist auch dahin, was soll ich dann noch zu Hause!« sagte der Prinz zu sich selbst, und kurzentschlossen schlug er den Weg nach Westen ein. Er war noch nicht lange gewandert, da sah er hinter sich in der Ferne eine Schar Reiter, die in vollem Waffenschmuck die Karawanenstraße entlanggeritten kamen. Bald näherte sich der Vortrupp, und der Prinz gewahrte inmitten der trefflich gerüsteten Reiter eine Staatskarosse, deren geschliffene Kristallfenster in der Sonne blinkten. Vier feurige Hengste waren in ein reichbesticktes und kostbares Geschirr eingespannt. Der Prinz trat zur Seite, um die bunte Schar vorbeizulassen, aber plötzlich hielt das Gefährt; ein Diener kam auf ihn zu und fragte, ob er etwas zu verkaufen habe.
Der Prinz schüttelte den Kopf und sagte: »Zu verkaufen? Nein, zu verkaufen habe ich nichts!«
Der Diener wies auf das Körbchen und meinte: »Du könntest uns doch aber von diesen Früchten abgeben! Unser hoher Herr hat großen Durst und hat eine ganze Tagesreise schon hinter sich. Nirgendwo gab es auch nur ein bißchen Obst!«

Der Prinz entgegnete höflich: »Das ist mein ganzer Reiseproviant. In dieser Wüste müßte ich ohne mein Obst verdursten und verhungern. Da kann ich dem Herrn leider nicht zu Diensten sein.« Aus der Karosse konnte man deutlich eine ungeduldige Stimme hören, und sogleich kam ein zweiter Diener mit einem Goldstück herbeigelaufen, den offenbar der hohe Herr ausgesandt hatte, um den Obsteinkauf zu beschleunigen.

»Hier, junger Mann, verkauft uns das Obst! Wir wiegen es mit Gold auf. Unser hoher Herr hat entsetzlichen Durst!«

Der Prinz musterte die höfisch gekleideten Diener freundlich und fragte: »Wo reist ihr denn hin?«

Der Bediente zeigte nach Westen und erwiderte: »In jene Residenzstadt. Unser hoher Herr befindet sich nämlich auf Brautfahrt. Die Prinzessin dieses Landes soll seine Frau werden, wir holen sie dort ab.«

Der Prinz zuckte ein klein wenig zusammen, aber er verriet sich nicht; seine bösen Ahnungen aber bestätigten sich, als er die beiden mit gespielter Gleichgültigkeit weiter ausfragte. Bald war es ihm zur traurigen Gewißheit geworden, der hohe Herr in der Karosse war auf der Brautreise zu seiner geliebten Prinzessin, die er vor nicht allzu langer Zeit noch in seinen Armen gehalten und geküßt hatte.

Mit höflicher Verbeugung nahm er das Goldstück jetzt an und übergab den Dienern dafür vier schöne, große, frische Früchte: zwei goldgelbe Birnen und zwei Pfirsiche, die wie die Morgenröte selbst schimmerten. Der Prinz konnte noch sehen, wie der Brautfahrer in der Karosse in eine Birne biß, dann setzte der ganze Zug sich wieder in Bewegung. Die schwere Karosse ächzte und rollte dann alsbald wieder leicht schaukelnd und schwankend dahin. Der nichts ahnende Bräutigam wurde alsbald müde und ließ sich durch die einschläfernden Bewegungen des Wagens in ein leichtes Mittagsschläfchen wiegen.

Der Zug trabte schweigend unter den unbarmherzigen Strahlen der Sonne in der Wüste dahin, Pferde und Reiter stöhnten. So vergingen die Stunden, das Gefühl für die Zeit wäre allen abhanden gekommen, wenn nicht der Stand der Sonne den Reitern verraten hätte, daß die kühleren Abendstunden noch lange auf sich warten ließen.
Da erscholl plötzlich aus der Karosse entsetzliches Gebrüll. Die Ritter hielten die Pferde an, die Diener eilten herbei – und wären fast vor Schreck in die Wüste geflüchtet: Aus der Karosse äugte ein Scheusal mit greulichen Hörnern und langem weißen Ziegenbart.
Was war geschehen? Kein Mensch fand eine Erklärung. Sollten etwa die Früchte nicht geheuer gewesen sein?
Ratlos blickten die Begleiter auf die Teufelsgestalt in der Karosse; es war eindeutig: ihr hoher Herr war verzaubert worden.
Gespannt blickten alle die Karawanenstraße entlang, auf der nach einiger Zeit munter und fröhlich der Prinz mit seinem Obstkörbchen gewandert kam. Die Gewappneten senkten ihre Lanzen und versperrten ihm den Weg. Alle redeten fast gleichzeitig auf ihn ein und wollten wissen, woher die sonderbaren Früchte eigentlich stammten.
»Die Früchte?« sagte der Prinz mit der unschuldigsten Miene der Welt, »von Birn- und Pfirsichbäumen natürlich!«
Die Diener waren damit aber nicht zufrieden: »Weißt du denn, warum unserem hohen Herrn dann Bart und Hörner gewachsen sind?«
Der Prinz betrachtete sich daraufhin genau und in aller Ruhe seinen Nebenbuhler, der so schlimm aussah wie ein alter Teufel. Keiner der Begleiter, am wenigsten der scheußlich verunstaltete Bräutigam selbst, konnten die Schadenfreude bemerken, die der Prinz jetzt heimlich in sich aufsteigen fühlte.
»Komisch«, rief er, »so etwas habe ich noch nie gesehen.

Ich esse doch jeden Tag dieses Obst und konnte noch nie etwas von einem Bart oder gar von Hörnern bemerken.« Dabei spielte der Prinz sein Erstaunen so natürlich vor den Rittern und Begleitern, daß auch der Verwandelte an nichts Arges denken konnte.

»Hat sich der hohe Herr etwa nach dem Genuß der Früchte zu einem Schläfchen hingelegt?« rief der Prinz plötzlich, als ob er sich dunkel an etwas erinnerte. Die Ritter nickten und bestätigten allesamt, daß ihr Herr mehrere Stunden danach geschlafen habe. »Dann ist es auch kein Wunder!« rief der Prinz, und indem er alle um sich versammelte, erklärte er mit weit ausholenden Gesten: »Hier in diesem Lande darf keiner nach dem Essen schlafen. Das weiß jeder und hält sich daran. Schläft einer doch ein, so wachsen ihm Bart und Hörner!«

Die Ritter und Bediensteten blinzelten einander zu und man merkte, daß sie die Faulheit und Gefräßigkeit ihres Herrn schon lange mißbilligten. Nun hatte er also seine Strafe! Was aber nun tun. Der Brautzug konnte auf keinen Fall fortgesetzt werden. Die versammelten Edelleute beratschlagten sich und empfahlen die sofortige Umkehr. Wie konnte ein gehörnter Bräutigam um die Hand einer Prinzessin anhalten? Mit Schimpf und Schande würde man ihn und den ganzen Brautzug überschütten und aus der Residenzstadt davonjagen. Der Königssohn aber fuchtelte mit den Fäusten in der Luft herum und stampfte mit den Füßen auf die Erde: »Nein! Niemals! Die Prinzessin ist mir versprochen! Seit Jahren warte ich auf diesen Tag, denkt euch etwas anderes aus!« Den Begleitern blieb nichts anderes übrig, sie mußten nochmals mit sich zu Rate gehen. Ein altgedienter Kammerherr machte schließlich den besten Vorschlag und fand einen Ausweg aus der verzwickten Lage. Die Stelle des Bräutigams sollte beim Einzug in die Stadt und bei den Hochzeitsfeierlichkeiten vorerst ein hübscher junger Mann einnehmen, der in die

Gewänder des Königssohnes gesteckt werden sollte. War die Ehe dann geschlossen, und war man mit der Prinzessin erst einmal wieder zu Hause angelangt, nun, dann trat eben der rechtmäßige Gatte mit Hörnern und Bart auf den Plan. Die Prinzessin konnte ja dann versuchen, sich an den Hörnern ihres königlichen Gemahls zu stoßen. Bald würde sie merken, daß alles längst zu spät sei und sie sich eben an den ungewöhnlichen Gatten zu gewöhnen hätte.
Man hielt sofort in dem Gefolge nach einem geeigneten Jüngling Umschau, aber es fielen bald alle Blicke auf den jungen Mann mit dem Obstkörbchen. Man bat ihn inständig, für den Bräutigam einzuspringen und stellte ihm diesen Auftrag als eine sehr ehrenwerte Rolle dar.
Der Prinz wehrte ab und tat so, als käme ihm dieser Auftrag höchst ungelegen: »Sind nicht etwa genügend junge Männer unter euch? Mit dieser Sache müßt ihr alleine fertigwerden! Den lustigen Hochzeiter soll ich spielen, das könnte euch so passen! Und wenn das ganze Spiel dann einer durchschaut, was dann?«
Die Edelleute bemühten sich, seine Befürchtungen zu zerstreuen und boten ihm eine Belohnung von fünf Goldstücken an. »Das ist zu wenig«, sagte der Prinz. Als sie ihm schließlich sieben Goldstücke versprachen, nahm er in der königlichen Karosse Platz. Der unglückliche Bräutigam wurde auf ein Pferd bei den Troßknechten gesetzt, seine Hörner umwickelt und sein Bart unter einem großen Schal verborgen. Er wurde beschworen, in der Residenzstadt auch in der einfachen Herberge bei den Troßknechten Platz zu nehmen und sich auf keinen Fall im Palast sehen zu lassen. Nachdem alles bis ins Kleinste abgesprochen und alle Vorbereitungen getroffen waren, setzte sich der Zug wieder in Bewegung.
Der König erwartete mit großem Gefolge seinen Schwiegersohn schon vor dem Stadttor. Die ganze Stadt war auf den Beinen, und alle lobten die schöne Gestalt und das

gefällige Wesen des Bräutigams. Die Hofleute und die vielen Verwandten des Königs waren entzückt über die vielen Geschenke, die der Königssohn mitgebracht hatte und unter alle verteilen ließ. Der König selbst war jedoch in beträchtlicher Sorge. Auf keinen Fall durfte der Bräutigam etwas von der anrüchigen Geschichte seiner Tochter vom Luftschloß erfahren. Vor allem durften die als klatschsüchtig bekannten Tanten und die allzu gesprächigen Diener mit dem Bräutigam nicht in Berührung kommen. Der König hatte sich einen schlauen Plan ausgedacht: ein großartiges Hochzeitsfest wurde anberaumt. Die tratschsüchtigen Leute wurden in den äußeren Räumen untergebracht und fanden dort eine Anzahl starker Getränke vor, denen sie vier Tage lang zusprechen konnten. Die jüngeren Edelleute wurden zum eigentlichen Fest in den Innenräumen zugezogen und sollten das Brautpaar umgeben und unterhalten.

Der König hoffte, daß im Trubel und Jubel der Festlichkeiten der Bräutigam und sein Gefolge dann weder Lust noch Zeit haben würden, sich in Gesprächen über die Tugend der Prinzessin zu verlieren. Die Prinzessin selbst hatte den Feierlichkeiten mit großem Bangen entgegengesehen. Ihr Herz gehörte nur einem, und von dem war sie nun durch die Hartherzigkeit ihres Vaters getrennt.

Sie war zu keinem Gespräch zu bewegen. Als die Hochzeitsgesellschaft in den Palast einbog, weinte sie nur still in sich hinein und verbarg ihr Gesicht hinter dem Schleier.

Konnte man dieses zurückgezogene Wesen zu Anfang noch ihrer Schüchternheit zuschreiben, so machte sich der König doch schwere Sorgen, als sie ihrem Bräutigam noch nicht einmal am dritten Tage auch nur einen Blick geschenkt hatte. Am vierten Tag zog er daher eine Hofdame seines Vertrauens zu Rate, die unauffälligerweise die Stimmung beim Bräutigam und seinem Gefolge auskundschaften sollte.

Für den Abend des vierten Tages war ein großes Bankett vorbereitet worden, bei dem der Bräutigam zum erstenmal in einem unbeobachteten Augenblick sich der Prinzessin nähern und ihr schnell zuflüstern konnte, wer er sei. Die Prinzessin hob rasch den Schleier und blickte ihm ins Antlitz. Sie stieß einen kleinen, aber fast lautlosen Schrei der Überraschung aus. Sollte das alles ein Traum sein? Ihr Geliebter hier als Bräutigam, von ihrem Vater geholt! War so etwas möglich?

Der Prinz wisperte ihr schnell ins Ohr: »Kein Wort! Laß dir nichts anmerken, kein Mensch darf erfahren, wer ich bin, keine Seele darf wissen, daß ich dich im Luftschloß besuchte.« Und in größter Heimlichkeit erzählte er ihr flüsternd, was er inzwischen erlebt hatte und wie er in den Palast gekommen war.

Die Prinzessin, die ein kluges Geschöpf war, trocknete schnell ihre Tränen und verhielt sich ganz so, wie es die Hochzeitsgesellschaft von ihr als Braut erwartete. Sie ward lustig und gesprächig und tanzte mit ihrem Bräutigam zum Entzücken der Gäste. Nun durften sie gar öffentlich ihre Zuneigung zeigen, wenn auch in merkwürdiger Rolle und mit höchster Wachsamkeit.

Eng aneinandergeschmiegt wirbelten sie tanzend durch den Saal und schmiedeten eifrig Pläne für die Flucht.

»Verlange von deinem Vater das Holzroß zurück, bevor wir von hier abreisen!« flüsterte ihr der Prinz zu, »er muß es dir herausgeben. Tut er es nicht, dann weigere dich, in die Karosse zu steigen! Ohne Roß sind wir verloren!«

Die Hofdame hatte sich inzwischen unbemerkt den ganzen Abend in der Nähe des Paares aufgehalten und erschien mit triumphierender Miene vor dem König. »Majestät, das glücklichste Paar, das ich je gesehen. Die beiden scheinen urplötzlich in Liebe zueinander entbrannt zu sein, sie sind ein Herz und eine Seele. Unzertrennlich wirbelten sie engumschlugen durch den Saal. Die Gäste sind von der lieblichen Braut und dem Bräutigam hochbegeistert.«

Die Freude des Königs über diese Wendung der Dinge war unbeschreiblich.

Die Heimreise des Königssohnes mit seiner Braut in seine Heimat war auf den nächsten Tag angesetzt. Vor dem Palast waren die Hofleute, die Kammerherren, die Ritter und Edelleute des Reiches versammelt, um dem Paar Lebewohl zu sagen und ihm Glückwünsche für die lange Reise mitzugeben.

Längst waren die Pferde gesattelt, die Knechte standen bereit, und die Karosse war vorgefahren – aber die Braut ließ noch immer auf sich warten.

Im Innern des Palastes war inzwischen, unbemerkt von den Würdenträgern und den meisten Bediensteten, ein schwerer Streit zwischen Vater und Tochter im Gange. Weinend lag die Prinzessin ihrem Vater im Thronsaal zu Füßen und forderte das Holzroß aus der Rumpelkammer. »Wenn du es mir nicht mitgibst, bleibe ich hier!« schrie sie eigensinnig. Der verzweifelte König, der darin eine Kinderei sah, die sie vor den Augen aller lächerlich machen könnte, fluchte und drohte ihr. Unter Umständen kam über dieses Holzpferd auch noch die Geschichte mit dem Luftschloß ans Tageslicht! Um ihr Angst einzujagen, schickte er sogar nach dem Henker. »Ohne das Holzpferd geh ich nicht weg von hier!« schrie sie angesichts des Richtbeils, »lieber lasse ich mir den Kopf abschlagen!«

Vor dem Palast traten inzwischen die Würdenträger und Edeldamen von einem Fleck auf den anderen und wurden allmählich ungeduldig. Sie entsandten eine Abordnung in den Palast, um nachzufragen, warum die Prinzessin denn solange auf sich warten lasse, alles sei längst zur Abreise gerüstet. Die Abordnung fand den König im Thronsaal vor, wie er aufgeregt und wild gestikulierend auf seine Tochter einredete.

»Verflucht«, jammerte und schimpfte er, »ich weiß überhaupt nicht mehr, was in das Kind gefahren ist. Jetzt will sie unbedingt ihr Holzpferd mitnehmen.«
Die Edelleute lächelten nachsichtig: »Das Fräulein hängt eben an seinem Spielzeug, Majestät. Wenn sie das Pferdchen gerne mitnehmen möchte, so sollte man ihr diesen Wunsch eigentlich erfüllen!« Diese Worte besänftigten den König. In aller Eile ließ er das Holzpferd aus der Rumpelkammer holen und verabschiedete sich versöhnt von seiner Tochter. Die Prinzessin bestieg die Karosse, winkte noch einmal, und der Zug setzte sich mit dem ganzen Gefolge in Bewegung.
Der Prinz und die Prinzessin konnten auf der langen Reise kaum ein Wörtchen ungestört miteinander reden. Die Dienerschaft umsorgte sie mit solch rührender Aufmerksamkeit, daß die beiden unter diesen Umständen an einen Fluchtversuch überhaupt nicht zu denken wagten. Viele Tage schon waren sie unterwegs, das junge Paar konnte sich nur mit kurzen, heimlichen Blicken und durch ein paar Flüsterlaute dann und wann verständigen. Man näherte sich bereits der Residenzstadt. Da kam dem Prinzen ein rettender Gedanke. Unter größter Vorsicht gegenüber der Dienerschaft zupfte er die Prinzessin beim Ärmel und flüsterte ihr ins Ohr: »Wenn wir zum Palast kommen, steige nicht sogleich aus, sondern laß dir zur Begrüßung sieben Schüsseln voll Dukaten reichen. Das Gold streu sofort in hohem Bogen auf die Straße! Tue genau, wie ich dir eben gesagt habe!«
Der Brautzug wurde mit großem Jubel in der Stadt empfangen und machte vor dem Palast halt. Die Prinzessin tat genau, wie sie der Prinz geheißen. Klirrend sprangen die blanken Dukaten übers Pflaster. Wie eine Schar gieriger Sperlinge fielen die Höflinge, die Bedienten, ja selbst die edlen Ritter darüber her. Das war ein Schreien und Haschen und Bücken und Stoßen, es hätte für eine geplante

Flucht gar nicht besser sein können. Blitzschnell hatte der Prinz seine Geliebte aufs Holzpferd gehoben, sich selbst zu ihr in den Sattel geschwungen und die Höhenschraube herumgedreht. In wenigen Augenblicken schon schwebten sie über der bunten Menge. Der Prinz sah noch, wie hinten im Troß ein Knecht mit beiden Händen nach oben zeigte und erkannte beim Abflug gerade noch den geprellten Königssohn mit seinen verbundenen Hörnern. Bald aber waren die Häuser und die Stadt entschwunden, und der Prinz erblickte wieder heimatliche Gefilde. Als er mit seiner Braut über die Hauptstraße flog, jubelte er laut auf in den Lüften, drehte langsam die Schrauben fest und landete heil und unversehrt im weiträumigen Hofe des väterlichen Palastes. Der alte König hatte sich seit jenem Tag, an dem der Prinz mit dem Holzroß entschwunden war, in Sehnsucht und Kummer verzehrt. Seine Unrast war zuletzt einem schrecklichen Groll gewichen. Hatte nicht der Tischler alles verschuldet? Hatte nicht sein Roß ihm den Sohn entführt? Auf königlichen Befehl wurde der arme Tischler mit Nägeln ans Brückentor geschlagen. Drei Tage und Nächte hing der Unglückliche schon dort.
Der König vergoß Freudentränen, als er seinen Sohn wieder in die Arme schloß.
Der Prinz berichtete Wunderdinge von seinem Holzpferd. »Nie hätte ich soviel von der Welt gesehen, nie meine Prinzessin gefunden«, sprach der Prinz, »ohne das Pferdchen baumelte ich längst am Galgen. Wo ist der Tischler geblieben? Du mußt ihn königlich belohnen, lieber Vater!«
Mit Scham und Reue gestand der König seinem Sohn, was er dem armen Tischler angetan hatte. Der Ärmste war fast schon verblutet, aber er lebte noch. Unverzüglich ward er vom Brückentor abgenommen und in den Palast gebracht. Die besten Ärzte des Landes bemühten sich nun um ihn, und es gelang ihnen, den Tischler zu retten. Der Prinz ließ

es sich nicht nehmen, ihn eigenhändig zu pflegen, bis seine Wunden ganz geheilt waren. Mit einer großen Summe Goldes wurde der Tischler dann entlohnt und zum Oberhoftischler ernannt.
Nun erst wurde die eigentliche Hochzeit gefeiert, die viele Tage dauerte. Als der Prinz dann nach geraumer Zeit König wurde, lebte er mit seiner Königin noch lange Jahre, und alle Leute erzählten ihren Kindern vom abenteuerlichen Brautzug ihres Königs mit dem Holzpferd.

[Märchen der Uiguren]

Das Märchen vom Reis

Vor langer, langer Zeit gab es ein Königreich, in dem alle Menschen von Reishülsen lebten. Da sie nicht wußten, daß der Kern des Reises das Gute und Nahrhafte ist, sondern glaubten, es sei der »Knochen«, warfen sie ihn weg. So aßen sie die Schale, von der sie annahmen, sie sei das »Fleisch« des Reises.
Im Königspalast gab es viele Sklaven, unter ihnen Miniya, eine Kammerzofe der Königin. Die Königin war grausam und behandelte ihre Zofen abscheulich. Wenn sie nicht befahl, daß sie geschlagen wurden, schalt sie dauernd. Sehr oft gab sie ihnen auch nicht genügend zu essen.
Eines Tages mußte Miniya Wasser zu der Königin tragen. Der Königin ging es zu langsam, und sie schrie das junge Mädchen mit böser Stimme an: »Ich gebe dir gut zu essen, aber du dienst mir sehr schlecht. Von jetzt an gibt es für dich nichts mehr zu essen!«
Miniya mußte der Königin weiter dienen, bekam aber nichts mehr zu essen. Im Laufe der Tage wurde sie dünner und dünner, und ihr Gesicht wurde so gelb wie die sterbenden Blätter im Herbst.
Bald konnte sie nicht mehr arbeiten, so schwach war sie geworden.
Sie dachte bei sich selbst: »Sie werden mir nichts zu essen geben, aber ich kann doch nicht einfach vor Hunger sterben. Ich muß am Leben bleiben. Ich will einmal versuchen, die Reisknochen zu kauen.« Sie sammelte eine Handvoll fortgeworfene Reiskörner, kochte und aß sie. Als sie den ersten Mundvoll schmeckte, war sie sehr über-

rascht. Was ist das, sagte sie sie zu sich selbst. »Der Knochen ist besser als das Fleisch!«
Von nun an sammelte Miniya alle Reisknochen und speicherte sie. Jeden Tag kochte sie sich ein wenig davon.
Viele Monde gingen auf und versanken wieder in der frühen Dämmerung, aber Miniya starb nicht vor Hunger.
Im Gegenteil! Sie wurde jeden Tag schöner. Ihr Gesicht wurde so rosa und lieblich wie eine Rose im frischen Morgentau. Die anderen Sklaven konnten sich den Grund für diese Veränderung nicht erklären. Miniyas sanftes, zartes Lächeln war so süß, daß sie alle von ihr angezogen waren und sie umschwirrten wie Bienen den Honigkorb.
Einer nach dem anderen schlüpfte in ihr Zimmer und fragte: »Miniya, wie kommt es, daß du so schön geworden bist, da du doch nichts zu essen hast? Nicht einmal die Elfen können sich mit dir vergleichen. Willst du uns nicht dein Geheimnis verraten?«
Da erzählte ihnen Miniya, daß sie Reiskörner gegessen habe. »Um Himmels willen, erzählt es keiner Seele, am wenigsten der Königin«, bat sie.
So schlüpften jeden Abend die anderen Sklaven zu ihr ins Zimmer, aßen sich satt und schlichen sich wieder fort.
Als die Königin sah, wie schön Miniya geworden war, verging sie fast vor Neid. Sie glaubte, der König könnte Miniya an ihrer Stelle zur Königin nehmen. So befahl sie voller Haß Miniya zu sich. Die Königin aber war listig und hinterhältig und tat sehr freundlich. »Meine liebe kleine Miniya, du bist so hübsch, sag mir doch, was du tust, um dich so anziehend zu machen. Erzähl es mir, meine liebe kleine Miniya, und ich will dir alles geben, was dein kleines Herz sich wünscht. Du bist so ein gutes Kind. Ich kann nicht länger leben, wenn du es mir nicht erzählst. Ich weiß, du hast ein Herz aus Gold, und du läßt mich nicht so leiden.«
Die Königin glaubte, solche Schmeicheleien würden

Miniya veranlassen, ihr Geheimnis mit ihr zu teilen. Sie hoffte, dann auch so schön wie die Sklavin zu werden.
Das schamlose Benehmen der Königin aber erboste Miniya nur noch mehr. Ohne ein Wort zu sagen, stand Miniya nur da und blickte die Königin zornig an. Die Königin sah, saß ihr Versuch fehlgeschlagen war, in den Besitz des Geheimnisses zu kommen. Den ganzen Tag war sie außer sich vor Wut. In der Nacht wälzte sie sich ruhelos vor Ärger in ihrem Bett.
Einige Tage später, als sie das gute Verhältnis zwischen Miniya und den übrigen Sklaven bemerkte und wie sehr Miniya ihnen zugetan war, dachte sie sich einen bösen Plan aus. So rief die boshafte Königin am nächsten Morgen Miniya zu: »Wenn du mir dein Geheimnis nicht verrätst, du Elende, werde ich den König bitten, alle Sklaven im Palast töten zu lassen.«
Miniya versteckte sich in ihrem Zimmer und weinte, bis ihre Augen rot und geschwollen waren. Als die anderen Sklaven sie weinen sahen, fragten sie: »Miniya, was bedrückt sich so sehr, daß du so bitterlich weinst? Sag es uns. Wir werden dir helfen. Hat die Königin dich wieder geschlagen?«
Aber Miniya antwortete nicht, sie weinte nur, als ob ihr das Herz brechen wollte. Da weinten ihre Freunde mit ihr. Miniya konnte es aber nicht ertragen, ihre Freunde weinen zu sehen, und so erzählte sie ihnen die Wahrheit.
»Die Königin sagt, wenn ich ihr nicht erzählte, was mich so schön gemacht hat, gehe sie zum König, um euch alle töten zu lassen. Darum bin ich so traurig.«
Als die Sklaven das hörten, waren sie alle mit Abscheu und Unwillen über die Königin erfüllt und riefen aus: »Erzähl ihr unser Geheimnis nicht! Wenn sie uns töten lassen will, dann soll sie es tun.«
»Aber ich kann euch nicht alle sterben sehen aus solch nichtigem Grund«, widersprach Miniya.

»Wir würden lieber sterben, als sie das Geheimnis wissen lassen«, sagten die Sklaven mit großer Bestimmtheit.
Aber wie konnte Miniya es zulassen, daß man ihre Freunde zum Tode verurteilte? Sie überlegte hin und her und fand schließlich einen Weg, mit der Königin zu verhandeln und zur gleichen Zeit ihre Freunde zu schützen.
Sie lief zur Königin und flüsterte: »Meine gute Königin, ich bin bereit, dir zu erzählen, was ich tue, um so schön zu sein. Hier ist aber nicht der richtige Ort, über eine so wichtige Sache zu sprechen. Laß uns einen besseren Platz wählen. Warte, am besten gehen wir in dein Zimmer. Dort können wir sprechen, und niemand kann uns belauschen.«
Die Königin führte Miniya in ihr Zimmer und bemerkte mit großem Vergnügen: »Miniya, ich habe immer gesagt, daß du beides bist, schön und freundlich. Schnell, sag mir, was du als Gegenleistung für dein Geheimnis haben willst. Ich werde veranlassen, daß du es bekommst.« Ein Lächeln huschte über Miniyas schönes Gesicht. Als die Königin die Schönheit dieses Gesichtes nun so nah vor sich sah, konnte sie es kaum erwarten, ebenso schön zu sein wie dieses junge Mädchen. Sie drängte Miniya, sich zu beeilen und ihr das Geheimnis zu erzählen.
»Meine Königin«, ermahnte Miniya die Ungeduldige, »warte ab. Ich verspreche dir, ich werde es dir erzählen. Ich will keine Belohnung, aber ich habe ein Anliegen.«
»Natürlich, natürlich! Sag es nur, und ich werde dafür sorgen, daß deine Bitte erfüllt wird. Beeile dich und sag es mir, meine süße kleine Miniya!«
»Und du brichst dein Versprechen nicht?«
»Nein, nein, Miniya, sag es schnell!«
»Nun hast du es versprochen und mußt meine Bitte erfüllen. Du mußt nun tun, um was ich dich bitte, bevor ich dir mein Geheimnis erzähle. Bitte den König, alle Sklaven freizulassen und sie nie wieder in den Palast zu holen.«

So ging die Königin zum König und überredete ihn. Alle Überredungskünste mußte sie anwenden, aber es gelang ihr. Der König gab den Befehl, alle Sklaven freizulassen. Als Miniya sah, daß alle Sklaven sicher den Palast verlassen hatten, ging sie zur Königin. Sie lächelte und sagte: »Meine gute Königin, jetzt will ich dir mein Geheimnis sagen. Erinnerst du dich, als du mir verboten hattest, zu essen? Ich war einige Tage sehr hungrig und konnte das Leben kaum noch ertragen, aber ich harrte aus. Ich wollte unbedingt am Leben bleiben –, und da wurde ich plötzlich schöner und schöner. Ich bekam wieder mein Gewicht und fühlte mich sehr gut. Meine Königin, wenn du beharrlich bist und tust, was ich getan habe, dann wirst du noch schöner werden als ich.«
Die boshafte Königin war so begierig, schön zu sein, daß sie jeden Tag willig die Hungerqualen erduldete. Nach etwa zehn Tagen starb die böse Königin den Hungertod. Der König, jetzt ohne Sklaven, die ihn versorgten, starb ebenfalls. Seither ißt das Hani-Volk den duftenden weißen Reis.

[Märchen der Han]

Der Drachenkönig und der Bambusflötenspieler

Vor langer, langer Zeit lebte am Fuß des Fünffingerberges ein Mann, der mit großer Fertigkeit und Schönheit auf der Bambusflöte spielen konnte. Die Musik, die er machte, war noch melodiöser als der Gesang der Goldamsel, die Triller waren klarer als die der Drossel, und die Tonfolgen waren überschwenglicher als die der Lerche, die in die Lüfte steigt bei ihrem Jubelkonzert.

Wenn das Flötenspiel ertönte, flogen die Vögel nicht mehr, sondern setzten sich auf Zweige und Zäune, um zu lauschen, und die Bauern ruhten aus von ihrer Feldarbeit. Beim Klang seiner Musik lächelten die alten Männer und erinnerten sich wieder ihrer Jugendzeit, während die Kinder vor Freude tanzten und tollten.

Wegen des Zaubers seiner Musik glaubten die Leute, er habe etwas Überirdisches an sich und nannten ihn den Himmlischen Flötenspieler.

Eines Tages gab der Drachenkönig des Südlichen Sees ein Festessen, zu dem er eine große Anzahl Unsterbliche einlud.

Der König war mit dem Drachengewand bekleidet und trug Jadegürtel, die Gäste waren ebenfalls in auserlesene und kostbare Gewänder gehüllt. So saßen sie fröhlich zusammen und feierten.

Es traf sich, daß gerade zu dieser Zeit der Himmlische Flötenspieler das Ufer des Sees erreichte, nachdem er zehn Tage und Nächte gewandert war.

Er warf sein Fischnetz in den stillen See, setzte sich auf das Steinufer und begann, auf seiner Bambusflöte zu spielen.

Gerade als der Drachenkönig seinen Becher hob, um den Unsterblichen zuzutrinken, hörte er die Töne dieser bezaubernden Musik. Die Gäste waren dadurch so verzückt, daß die Jadebecher ihren Fingern entglitten und zu Boden fielen. Die ganze Festlichkeit verblaßte vor diesem wundersamen Spiel. Der Himmlische Flötenspieler wußte nicht, daß Unsterbliche ihm lauschten. Die Unsterblichen waren ihrerseits überzeugt, daß der Flötenspieler einer der ihren sei, der vom Himmel herabgestiegen sein mußte.
Der Drachenkönig selbst war so entzückt von der schönen Musik, daß er den Flötenspieler einladen wollte, seinen Sohn zu unterrichten. Er spürte die Quelle der Musik bald auf und fand schließlich den Mann am Ufer. Der Himmlische Flötenspieler stimmte zu, seinen Sohn zu unterrichten; er zog sein Netz ein, steckte die Bambusflöte in seinen Gürtel und ging mit dem Drachenkönig zu dessen Palast. Bald bekam er Heimweh. Die Zeit schien stillzustehen, ein Tag war für ihn wie ein Jahr. Am Ende von drei Jahren hatte der Sohn des Drachenkönigs endlich gelernt, die Flöte zu spielen, und der Himmlische Flötenspieler bat den König, ihn heimkehren zu lassen. Der Drachenkönig war sehr erfreut, daß sein Sohn das Flötenspiel erlernt hatte und entschied, den Lehrer mit einem ansehnlichen Geschenk zu belohnen. Er befahl seinem Sohn, seinen Lehrer in die Schatzkammer zu führen, damit er sich zwei wertvolle Stücke auswählen könne.
Der Himmlische Flötenspieler und sein Schüler betraten das große, weitläufige Gebäude, in dem all die Schätze des Königs aufbewahrt wurden. Die Kostbarkeiten gingen in die Hunderte, ja in die Tausende.
Auf einem Bord glitzerten in blendendem Gefunkel erlesene, schwere Edelsteine: rote, grüne, gelbe, blaue und violette.
Auf einem anderen Bord blitzten gewichtige Goldbarren. Bambuskörbe in allen Größen hingen an den Wänden,

und in einem Schrank lagen Schilf-Regenmäntel in verschiedenen Längen. Der Himmlische Flötenspieler ging überall umher und machte schließlich vor den Bambuskörben halt. Er überlegte: wenn ich einen davon nehme, dann habe ich etwas, indem ich die gefangenen Fische und Garnelen tragen kann. So nahm er einen mittelgroßen Bambuskorb von der Wand und befestigte ihn an seinem Gürtel.

Dann schritt er etwas weiter und hielt inne bei einem Schrank mit Regenumhängen. Er dachte, wenn ich einen von diesen nehme, dann kann ich auch bei Regen fischen gehen. Mit diesem Gedanken nahm er einen mittelgroßen Schilf-Regenumhang aus dem Schrank und warf ihn über die Schulter. Nachdem er seine Wahl getroffen hatte, führte ihn der Sohn des Drachenkönigs aus der Schatzkammer.

»Warum wählst du solch alltägliche Dinge, und nicht kostbare Steine, Gold oder Silber?« fragte der Junge.

»Gold und Silber sind nicht die nützlichsten Dinge«, erwiderte der Himmlische Flötenspieler mit einem Lächeln, »nach einer gewissen Zeit würden einem auch diese Dinge einmal durch Tausch oder Verkauf aus den Händen gleiten und nicht mehr gehören. Aber jetzt, da ich diesen Korb und diesen Umhang habe, kann ich jeden Tag fischen gehen und werde nie verhungern.«

Als er zu Hause ankam, machte der Himmlische Flötenspieler eine Entdeckung. Zu seiner großen Überraschung waren der Korb und der Umhang keine gewöhnlichen Dinge, sondern wirkliche Schätze. Kam er hungrig und ohne Erfolg vom Fischfang zurück, so fand er stets köstliche Speisen in seinem Korb vor. So hatte er immer eine reichliche, köstlich duftende Mahlzeit auf dem Tisch.

Ging er zum Fischen an den Südlichen See, oder zum Garnelenfang an den Östlichen See, so breitete sich der Schilf-Regenmantel wie ein paar Schwingen aus und trug ihn hin.

Nach vielen Jahren flog der Himmlische Flötenspieler einmal auf die Spitze des Fünffingerberges. Auf dem Rücken trug er seinen Bambuskorb, und um seine Schultern wehte der wundersame Schilf-Regenmantel.
Auf dem Berge begann er auf seiner Flöte zu spielen, und die bezaubernden Töne erklangen im Wolkenmeer.
Seit jenen Zeiten brachte seine Musik stets Freude und Glück zu allen Menschen.

[Märchen der Li]

Der Wasserbüffel und der Tiger

Eines Tages ging ein Bauer mit seinem Wasserbüffel und mit seinem Pflug auf das Reisfeld. Auf dem Felde war der Boden so schlammig, daß der Büffel mit dem Pflug nur schwerfällig einherstapfen konnte. Bis zum Bauch sank er mit jedem Schritt in den tiefen Schlamm ein. So kam der Bauer in seiner Arbeit nur sehr langsam voran. Der Bauer war darüber sehr ärgerlich und erzürnt. Er hieb mit einem Stock auf den Büffel ein und schimpfte: »Du fauler und dummer Büffel, du! Du kommst ja überhaupt nicht voran. Das ist ja mehr gekrochen als gegangen! Schau dir mal den Tiger an! Der hat Kraft und kann laufen. Von dem solltest du etwas lernen!«

Der Bauer beschimpfte und schlug den Büffel so lange, bis dieser sich unwillig umdrehte und sagte: »Was soll schon mit einem Tiger los sein! Da bin ich immer noch stärker als er!«

Der Bauer hielt dies für Aufschneiderei und schimpfte und prügelte den Büffel immer noch mehr. Da sagte der Büffel in festem und bestimmtem Tone: »Du bist hochnäsig und siehst auf mich herab. Du wirst bald sehen, was ein Büffel vermag. Führe mich morgen zu einem Tiger, und ich werde mit ihm kämpfen.«

Der Bauer lachte spöttisch, aber er führte den Büffel am nächsten Morgen zu einer Tigerhöhle. Der Tiger witterte alsbald den Wasserbüffel vor seiner Höhle, sprang hervor und wollte sich auf ihn stürzen. Der Wasserbüffel stand breitbeinig da, schüttelte seine beiden sichelartigen Hörner und sagte ruhig und gelassen: »Tiger, ruhig Blut! Wir werden unsere Kräfte messen! Heute will ich dir nur sagen, daß deine Zähne viel zu stumpf sind für meine dicke Haut. Wir wollen gleiche Bedingungen für den Kampf festlegen: Schleife du drei Tage lang deine Zähne, während ich in dieser Zeit meine Hörner schleifen werde. Dann treffen wir wieder zusammen.«

»Nun gut!« knurrte der Tiger und zog sich brüllend in die Höhle zurück.

Drei Tage und Nächte lang schliff er mit Ingrimm und Ausdauer seine Zähne, bis sie messerscharf waren.

Der Wasserbüffel aber hatte etwas ganz anderes im Sinn. Er schliff seine Hörner nur einen einzigen Tag. An den anderen zwei Tagen schlich er sich zu einer Strohhütte, wickelte sich Stroh in breiten Schichten um den ganzen Leib und wälzte sich dann in einer Schlammgrube. Als er ganz mit Schlamm bedeckt war, konnte man bei ihm nichts mehr von dem Stroh darunter bemerken.

Am Tag des Kampfes erschienen, wie abgemacht, der Wasserbüffel und der Tiger gleichzeitig auf dem festgelegten Platz. Dem Tiger fiel auf, wie schmutzig der Büffel war und fragte ihn: »Warum hast du dich denn so mit Schlamm und Dreck beschmiert?«

Der Wasserbüffel entgegnete: »Im Hochsommer leiden die Büffel ganz besonders unter der Hitze, das weiß ja auch jeder. Ich nehme daher täglich im Schlamm ein kühles Bad. Das ist sehr erfrischend.«

Aufmerksam betrachtete der Tiger den Büffel vom Kopf bis Fuß; Es schien ihm, als sei er heute dicker als sonst. Da er nichts Verdächtiges entdecken konnte, rief er in der Vorfreude auf ein reichliches Mahl triumphierend aus: »Du kommst mir gerade recht, dein Fleisch ist fett und zart geworden, geradezu ein Leckerbissen!«

»Langsam, Tiger!« sagte der Wasserbüffel, »wenn du auch Schweine und Schafe fressen magst, mir wirst du kein Härchen krümmen!«

Von oben herab und voller Spott sagte da der Tiger: »Vor drei Tagen hätte ich dich schon fressen können. Heute sind meine Zähne noch geschliffen obendrein. Wie sollte ich dich da nicht erlegen können?«
»Gut«, erwiderte der Büffel, »wenn deine Zähne so scharf sind, so lege ich mich als erster auf den Boden und lasse dich dreimal zubeißen. Dann aber muß es mir erlaubt sein, dich dreimal mit den Hörner zu stoßen.«
Der Tiger war sofort einverstanden. Mit einem gewaltigen Satz sprang er auf den Büffel zu und biß dreimal zu. Als er seinen gefleckten Kopf wieder erhob, glaubte er, der Wasserbüffel sei bereits tot. Dabei hatte er seinen Gegner überhaupt nicht verletzt, er hatte nur die künstliche Haut aus Stroh und Schlamm zerfetzt.
Der Büffel aber erhob sich gemächlich, denn nun war er an der Reihe. Der Tiger war zuhöchst verwundert, aber er mußte sich nun auf den Boden legen. Der Wasserbüffel hob den Kopf, dann traf er den Tiger mit drei gewaltigen Stößen.
Der erste Stoß schlitzte dem Tiger den Bauch auf; der zweite brach ihm das Rückgrat; der dritte Stoß durchbohrte das Raubtier, und die Eingeweide quollen hervor. Der Tiger röchelte noch und verendete dann in einer großen Blutlache.
Der Bauer hatte alles genau von einem sicheren Ort aus mitangesehen. Er konnte die Klugheit und Tapferkeit seines Büffels nur bewundern. Von diesem Tag an schimpfte er ihn nicht mehr, schlug ihn nicht mehr und behandelte ihn weit besser als früher.
Und so schätzen die Menschen den Wasserbüffel wegen seiner Klugheit bis auf den heutigen Tag. Und es schilt ihn niemand, weil er beim Pflügen langsamer ist als ein Pferd und nicht so schnell laufen kann wie ein Tiger.

[Märchen der Dschuang]

Der Steinmetz

Im Gebiet des Dschuang-Volkes lebte einmal ein Steinmetz, der wegen seiner Meisterschaft weithin bekannt war.
Ein Reicher hatte auch von ihm gehört. Er ließ den Steinmetz zu sich kommen und gab ihm einen großen Auftrag. Der Steinmetz sah nun im Hause des Reichen, welch vornehmes und verschwenderisches Leben dieser führte. Sein Wohnhaus war ein Tempel des Reichtums, seine Gewänder waren aus reiner Seide. Die Speisen waren auserlesen. Eine gewaltige Dienerschar besorgte alles im Hause und in der Stadt.
Der Steinmetz konnte sich gar nicht sattsehen an all dieser Pracht, und er fing an, den Reichen aus tiefstem Herzen zu beneiden. Nach Hause zurückgekehrt, vernachlässigte er seine Arbeit und dachte stets an den Reichen. Sein einziger Wunsch war nur noch, selbst ein Reicher zu werden.
Eine Fee hörte davon und ließ seinen Wunsch in Erfüllung gehen. Der Steinmetz war nun ein Reicher geworden. Überglücklich wohnte er in einem prächtigen Hause mit vielen Dienern und ließ sich jeden Tag die Speisen auftragen, wonach sein Herz begehrte.
Eines Tages bereiste ein hoher Beamter diese Gegend und kam auch am Hause des einstigen Steinmetzen vorbei. Eine Schar von Amtsdienern kam in Begleitung des hohen Beamten, sie kündigten ihn mit dem Gong und mit Trommelschlägen an und bahnten ihm eine Gasse durch die Volksmenge. Der hohe Beamte saß in einer Sänfte und wurde überall hingetragen. Die Leute, die den Zug sahen

oder im Wege standen, machten sogleich Platz und verbeugten sich tief vor dem hohen Herrn.
Der Steinmetz, der von seinem Hause aus den Zug verfolgte, sagte zu sich selbst: »Soviel Diener wie dieser Beamte habe ich auch. Mögen sich alle Leute vor ihm verbeugen, ich habe das nicht nötig!« Der hohe Beamte bemerkte mit Unwillen, wie selbstherrlich und unehrerbietig der Steinmetz stehen blieb. Voller Zorn gab er den Amtsdienern den Befehl, den trotzigen Mann zu verhaften und ihm dreihundert Stockschläge zu verabreichen. Und um freigelassen zu werden, mußte er auf der Stelle gleich dreihundert Silbermünzen bezahlen. Der Steinmetz rieb sich stöhnend sein Hinterteil und schaute voller Neid der entschwindenden Sänfte nach. »Könnte ich doch ein hoher Beamter sein«, sagte er zu sich selbst, »die Reichen mögen wohl viel Geld haben, aber die Beamten haben die Macht.«
Kaum hatte er diesen Wunsch zu Ende gedacht, als ihn auch schon die Fee in einen hohen Beamten verwandelte. Der Steinmetz war hocherfreut. In einer Sänfte getragen, von vielen Dienern begleitet, bereiste er die Lande. Durch sein hartes Auftreten aber war er alsbald bei der ganzen Bevölkerung verhaßt, genauso wie jener hohe Beamte, den er sich in allem zum Vorbild genommen hatte.
Mit seiner ganzen Begleitung kam er im Lande der Dschuang einmal an einem Hügel vorbei, wo einige junge schöne Mädchen Blumen pflückten.
Der Steinmetz und sein Gefolge wollten sich diese Gelegenheit nicht entgehen lassen und die Mädchen einfangen. Wie Tiger auf hilflose Schafe stürzten sie sich auf die Dschuang-Mädchen. Die Mädchen schrien um Hilfe und kreischten so laut, daß die Männer des nahen Dorfes herbeieilten. Von allen Seiten kamen sie heran und umzingelten den Hügel. Sie hatten Äxte, Hacken und Schwerter mitgebracht, weil sie glaubten, es gehe den Mädchen gar ans Leben.

Da sahen sie den Steinmetzen, packten ihn in seinen seidenen Gewändern, schleppten ihn ins Dorf und verprügelten ihn gehörig. Seine Stellung als hoher Beamter machte überhaupt keinen Eindruck auf sie dabei, er bekam eine so tüchtige Abreibung, daß er vor Schmerzen winselte. »So ein Dschuang-Bauer«, sagte er bei sich selbst, »ist doch unübertroffen. Selbst ein hoher Beamter kann gegen diese Leute nichts ausrichten. Am liebsten möchte ich als einfacher Bauer bei den Dschuangs leben.«

Da sah sich der Steinmetz verwundert um, die Fee hatte ihn augenblicklich in einen Dschuang-Bauer verwandelt. Der Steinmetz war von Herzen froh darüber und trug stolz sein Bauerngewand. Jeden Morgen stieg er nun mit den Dorfbewohnern in die Berge, pflügte, säte und arbeitete hart. Erbarmungslos brannte die Sonne, der Schweiß lief dem Steinmetzen in Strömen das Gesicht herab, aber er vermochte nichts gegen die Hitze zu tun. Die Vögel hatten längst zu singen aufgehört und saßen in schattigen Felshöhlen, und die Wasserbüffel lagen den ganzen Tag im Schlamm oder im Wasser. Die Reishalme allein standen aufrecht in der Sonne, genauso wie die Dschuang-Bauern. Der Steinmetz blickte seufzend zur Sonne hoch und dachte bei sich: »Die Sonne ist doch im weiten Weltall die mächtigste von allen, nichts kommt ihr gleich am Himmel und auf Erden.«

So kam er zu dem absonderlichen Wunsch, die Sonne selbst zu sein. Die Fee sah in sein Herz und verwandelte ihn in die Sonne. Da hing er nun als Feuerball am Himmel, sandte seine sengenden Strahlen aus und ließ die Leute auf der Erde vor Hitze schmachten.

Da zog eines Tages vom Westen her eine gewaltige dunkle Regenwolke heran und bedeckte die Sonne.

Der Steinmetz war über die Maßen verärgert und sagte: »Eine Wolke kann also selbst die Sonne verdunkeln, das habe ich noch gar nicht gewußt. Eine dunkle Wolke müßte

man sein!« Die Fee erfuhr von diesem Wunsch und verwandelte ihn. So segelte er nun als dunkle Regenwolke am Himmel dahin, und die Leute auf Erden sagten: »Es wird bald regnen, fast sieht es aus, als käme Sturm auf.«
Denn siehe, mit Urgewalt hatte sich plötzlich ein Sturm erhoben und die dunklen Wolken in Fetzen gerissen. Der Steinmetz, der selbst eine dunkle Wolke war und alles aus der Nachbarschaft aus im Wolkenmeer mitangesehen hatte, sagte nun bei sich selbst: »Stürme sind also weit mächtiger als Wolken. Wer will sich überhaupt vor einem Sturm verbergen?« So wünschte er sich nun, ein Sturm zu sein. Die Fee erkannte diesen Wunsch und verwandelte ihn in einen gewaltigen Sturm. Da brauste der Steinmetz als Wirbelwind durch die Lande, riß Bäume heraus, deckte die Häuser ab, wirbelte das Heu auf den Feldern herum und richtete großen Schaden an. Wie er in die Berge fuhr, traf er schließlich auf einen hohen und mächtigen Felsen. Aber er konnte blasen wie er wollte, der Felsen rührte sich nicht. Als ob er überhaupt kein Lüftchen spürte, stand er da, unbeweglich und trotzig.
»Das habe ich auch noch nicht gewußt«, sagte der Steinmetz bei sich, »gegen Felsen sind also selbst Stürme machtlos. Ein Fels möchte ich sein!«
Die Fee hörte auch diesen Wunsch und verwandelte ihn in einen Fels. Da stand er nun, unbeweglich und schweigend, und blickte hinein in die Lande, ein mächtiger Fels.
Einige Steinmetze waren in jenen Tagen aber auf Suche nach geeignetem Material. Sie wollten sich einige besonders schöne Steine aus den Bergen holen. Wie sie den Felsgipfel nun sahen und das Gestein prüften, waren sie hocherfreut. Sie packten ihre Hämmer und Pickel aus und begannen, dem Fels zu Leibe zu rücken. Sie wollten ihn zerschlagen und in kleineren Blöcken nach Hause bringen.
Da erschrak der Steinmetz wie noch nie und bat die Fee flehentlich um Hilfe.

»Nun, mein Freund, siehst du jetzt, wie gut und schön es ist, ein Steinmetz zu sein?«
Der Steinmetz konnte seinen Gedanken noch gar nicht ganz fassen und zu Ende denken, als er auch schon wieder er selbst war, nämlich der Steinmetz von ehedem.
Mit Freuden und mit großem Fleiß ging er jetzt an seine Arbeit. Bald war er als guter Meister wieder bekannt, der noch rascher als früher alle Arbeiten ausführte. Von nah und fern kamen die Leute zu ihm und gaben ihm Aufträge. Das Dschuang-Volk aber war stolz auf seinen berühmten Steinmetz.

[Märchen der Dschuang]

Der weiße Fasan

In einem Miao-Dorf lebten einst ein Mann und seine Frau mit Namen Kaochio und Weiniao. Das Paar war über vierzig Jahre alt, da wurde ihre Ehe endlich mit einem Kind gesegnet, einem Mädchen. Als es ankam, waren sie überglücklich und nannten es Pangkao. Es war ein gesundes Kind, klug und gewandt; als es größer wurde, übertraf es alle anderen Mädchen des Dorfes in der Handarbeit. Pangkao hatte feine, geschwungene Brauen, strahlende Augen und Wangen wie Pfirsichblüten im Frühling. Wenn sie sich mit ihrem Sonntagsstaat schmückte, sagten die Leute, sie sei schöner als ein Pfau. Sie war außerdem mit einer betörenden Stimme beschenkt, und beim Klang ihres Gesanges schwiegen selbst die Singvögel auf den Bäumen.

Viele junge Männer im Dorf bewarben sich um Pangkaos Hand, aber sie wies alle zurück. Wen nun liebte das junge Mädchen?

Die Wahrheit war, daß es bereits sein Herz an einen tapferen jungen Jäger namens Mousha verschenkt hatte. Mousha war ein großer, starker und ansehnlicher Mann, der einst ohne Hilfe einen Tiger getötet hatte.

Damals, als das geschah, war er mit seinem Vater auf die Jagd in den Wald gegangen. Ein Tiger war mit fürchterlichem Gebrüll plötzlich aus dem Dickicht aufgetaucht und war dann auf den alten Mann zugesprungen. Mousha hatte sein Messer gezogen und auf den Tiger eingestochen. Der Tiger hatte dann von dem alten Mann, der am Boden lag, abgelassen und sich auf Mousha geworfen. Mousha

war aber herumgeschnellt und hatte dem Tiger einen gewaltigen Hieb auf den Kopf versetzt.
Der Tiger taumelte, griff jedoch erneut an. Der Schlag hatte ihm aber doch etwas die Sinne geraubt, und endlich, als Mousha ihn noch mehrmals in Kopf und Leib gestochen hatte, ging es mit ihm zu Ende. Der Tiger hatte aber dennoch Moushas Vater so schwer verletzt, daß dieser starb und Mousha mit dem Jagdhund allein in den Bergen zurückließ.
Die Not und die Erfahrungen in den Bergen machten den jungen Mann bald zu einem vortrefflichen Jäger.
Eines Tages wanderte Mousha durch ein Dorf. Zu seiner Verwunderung sah er dort nur Kühe und Schafe, aber nicht eine einzige Ente, auch kein Küken. Neugierig befragte er die Dorfbewohner. Sie erzählten ihm, daß zwei große Raubvögel in der Nähe hausten, deren Krallen keine Ente und kein Küken entkommen könnten. Diese Zaubervögel, so berichteten die Leute, seien so groß und furchterregend, daß niemand in der Lage sei, mit ihnen fertigzuwerden. Mousha konnte das kaum glauben und sagte: »Gibt es wirklich keinen Weg, diese Raubvögel loszuwerden? Laßt es mich einmal versuchen!«
Pfeil und Bogen in der Hand, folgte er den Dorfbewohnern zum Horst der Vogelungeheuer.
Sogleich flogen beide auf, die Schwingen wie riesige Matten ausgebreitet. Die Vögel sahen beängstigend aus und flogen sehr schnell; Moushas tödlichen Pfeilen aber konnten sie nicht entkommen. Er zielte, sein erster Pfeil traf, und einer der beiden Vögel stürzte tot zu Boden; mit dem zweiten Pfeil holte Mousha dann auch den anderen Raubvogel herunter. Die Dorfbewohner waren überglücklich und dankten dem tapferen und geschickten Jäger aus ganzem Herzen.
Nun hatte sich dies Ereignis in dem Dorf zugetragen, in dem Pangkao lebte. Als diese den hübschen jungen Jäger

nun sah, faßte sie eine tiefe innige Zuneigung zu ihm. Der heimatlose Mousha aber, der es gewohnt war, von einem Ort zum anderen zu wandern, verließ das Dorf bereits am nächsten Tag.
Wie sollte er auch wissen, daß es da ein wunderschönes Mädchen gab, das sich nach ihm sehnte. Mousha zog weiter, noch bevor ihm Pangkao etwas von ihrer Liebe sagen konnte; die Gedanken des Mädchens aber weilten bei ihm in den Bergen.
Wie alle verliebten jungen Mädchen, so veränderte sich auch Pangkao und wurde von Tag zu Tag schöner. Viele Freier kamen an ihre Tür, aber sie wies alle ab.
Es gibt ein Sprichwort: »Geister und Dämonen gelüstet es nach allem, was gut ist«. Auch die schöne junge Pangkao entging schließlich der Aufmerksamkeit der Geister nicht. In jener Gegend gab es einen weißen Fasanengeist, der begierige Augen auf Pangkao warf. Da er wußte, daß er niemals ihre Liebe gewinnen könnte, beschloß er, sie zu rauben. Eines Tages, als Pangkao gerade nähte, fiel sie in Ohnmacht und wurde von einer gewaltigen Windbö davongetragen.
Ihren Eltern brach fast das Herz über ihren Verlust, und sie weinten bitterlich um sie. Auch die Dorfbewohner waren sehr betrübt und suchten überall nach ihr. Das Mädchen blieb verschwunden, ohne eine Spur zu hinterlassen.
Mousha war inzwischen durch viele Wälder schon gezogen, hatte viele Berge bestiegen und war durch viele Schluchten geklettert. Viele wilde Tiere waren ihm begegnet, von denen er eine ganze Anzahl erlegte.
Eines Tages kam er zu einem sehr dichten Forst und traf dort eine Gruppe von Holzfällern. Es tat ihm wohl, in dieser Waldeinsamkeit Menschen zu treffen, mit denen er sich unterhalten konnte. Die Männer fragten Mousha nach seinem Namen und nach seinem Heimatdorf. Mousha sah, daß es ehrliche Leute waren und sagte: »Ich

ziehe durch die Berge und Wälder und lebe von der Jagd wilder Tiere. Ich bin ein Wanderer ohne Heimat.«
Die Holzfäller faßten Vertrauen zu dem jungen Mann und forderten ihn auf, bei ihnen über Nacht zu bleiben.
Nachdem die Dunkelheit hereingebrochen war und sie alle am großen Feuer saßen, sagte Mousha zu ihnen: »Freunde, erzählt mir etwas über diesen großen Wald!« Und so erzählten ihm die Holzfäller von ihrem Leben in dem großen Forst und von den wilden Tieren, die darin hausten. Bald aber seufzten sie und sagten: »Der Platz hier wäre schon gut, aber lange können wir hier nicht mehr leben.« Mousha war erstaunt und fragte sie nach dem Grund ihrer Besorgnis. Da antworteten sie: »Ein Fluch ist über diesen Wald gekommen. Ein schrecklicher weißer Fasanengeist geht darin um. Jede Nacht um die dritte Wache setzt er sich auf den höchsten Ast von jenem großen Baum dort drüben und stößt ein Kreischen aus, das einem das Blut gerinnen läßt. Bei der nächsten Wache sieht man ihn auf dem zweithöchsten Ast, dann kreischt er ein zweites Mal. Beim Anbruch der Morgendämmerung kreischt er dann noch ein drittes Mal, und zwar vom dritthöchsten Aste aus.
Viel beunruhigender dabei ist aber, daß wir dann immer das Schluchzen einer jungen Frau hören können. Diese seltsamen Ereignisse sind zuviel für uns, und wir haben beschlossen, diesen schaurigen Platz zu verlassen.«
Mousha begriff sofort, daß ein Ungeheuer in diesem Walde leben mußte, und er beschloß, dem Fasanengeist aufzulauern. »Habt keine Angst«, sagte er zu den Holzfällern, »heute nacht werde ich aufpassen und genau beobachten, was da vor sich geht.«
Kurz nach Mitternacht, als es stockfinster war, versteckten sich Mousha und die anderen Männer hinter einem großen Baum. Sie warteten längere Zeit. Um die dritte Wache aber sahen sie, zuerst etwas unscharf, dann aber

sehr deutlich, einen gräßlichen weißen Vogel auf dem höchsten Ast jenes Baumes sitzen, auf den die Holzfäller gezeigt hatten. Der Vogel stieß einen schrillen, markerschütternden Schrei aus. Zur gleichen Zeit hörten sie durch den Nachtwind, einmal lauter, dann wieder leiser, das Schluchzen einer jungen Frau. Nach langem Warten in der Stille der Nacht hörten Mousha und die Männer das Kreischen ein zweites Mal – und als die Dämmerung anbrach, sahen alle das Ungeheuer ganz deutlich auf dem dritthöchsten Aste sitzen. Das Kreischen war noch nicht im Wald verhallt, als Moushas schneller Pfeil schon in die Brust des scheußlichen Vogels traf. Das Ungeheuer fiel wie ein Felsbrocken in die Schlucht unter dem großen Baum, und augenblicklich hörte das Schluchzen auf.
Als das Sonnenlicht durch die Wipfel brach, stieg Mousha in die Schlucht hinunter und fand den Körper des riesigen weißen Fasans. Er war froh, das Ungeheuer beseitigt zu haben, zog eine Feder aus dem Schwanz seiner Beute und steckte sie als Erinnerung an seinen Turban. Er konnte sich aber nicht erklären, warum da eine junge Frau geschluchzt hatte.
Am späten Morgen nahm er Abschied von den Holzfällern und machte sich wieder auf die Wanderschaft.
Wie aber war es Pangkao ergangen? Als sie endlich wieder nach Hause zurückgekehrt war, erzählte sie die Geschichte ihres Abenteuers.
Nachdem sie von der Windbö fortgetragen worden war, fand sie sich in einer finsteren Höhle eingesperrt wieder, von einem scheußlichen weißen Fasanengeist, der sie zwingen wollte, ihn zu heiraten. Wie konnte die liebliche Pangkao so etwas dulden! Wie ihr der weiße Fasan auch drohte, sie sagte nur »Nein«. Den ganzen Tag schrie und jammerte sie, um freigelassen zu werden. Da warf der Geist, in der Furcht, sie könnte entkommen, einen Zauberspruch über sie, so daß sie jede Nacht in einen tiefen

Schlaf fiel. In der Morgendämmerung, wenn Pangkao erwachte und wieder zu schluchzen anfing, kreischte der Fasan und warf seinen Zauber über sie, so daß sie wieder in ohnmächtigen Schlaf sank.
Nachdem das Ungeheuer getötet worden war, erwachte Pangkao und rannte aus der Höhle. Der Bann war gebrochen. Sie wußte nicht, wo sie war. Als sie das Ende des Waldes erreichte, traf sie die Holzfäller, die bei ihrem Anblick sehr überrascht waren. Sie befragten sie und erfuhren, daß das Schluchzen, das sie jede Nacht gehört hatten, von diesem bedauernswerten Mädchen aus der Höhle kam. Sie erkannten auch, daß sie es war, die der junge Jäger befreit hatte. Da erzählten sie ihr, was in der vergangenen Nacht geschehen war. Allen tat es leid, daß der junge Mann schon am frühen Morgen Abschied genommen hatte. Alles was sie wußten, war, daß er eine weiße Feder im Turban trug.
Pangkao war erfüllt von Glück, als sie dann gar hörte, daß ihr Befreier derselbe Mousha war, den sie liebte. Aber wohin sollte sie gehen, um ihn zu suchen?
In Begleitung der freundlichen Holzfäller kehrte sie dann in ihr Dorf zurück. Ihre alten Eltern waren überglücklich, ihre geliebte Tochter wiederzusehen. Sie umarmten sie zärtlich und sagten unter Tränen: »Tochter, erzähle uns, was dir zugestoßen ist. Wohin hat dich der Wind entführt? Wir konnten vor Sorge kaum schlafen.«
Pangkao erzählte ihren Eltern die ganze Geschichte, wie sie gefangengesetzt, vom Fasanengeist verzaubert, und dann von Mousha gerettet wurde.
Dann erzählte Pangkao, was ihr Herz bewegte.
»Ich liebe nur ihn, und nun hat er mein Leben gerettet. Ich weiß nicht, wo er ist, aber ich werde auf ihn warten!«
Pangkaos alter Vater war froh, denn er hatte Mousha gesehen und seine Tapferkeit bewundert. Aber wo wanderte er jetzt umher? Wann würde er wieder in ihr Dorf kommen?

Diese Fragen beunruhigten Pangkao und ihre Eltern.
Ein halbes Jahr verging ohne irgendeine Nachricht von Mousha.
Eines Tages hatte der alte Vater einen guten Einfall und sagte zu seiner Frau: »Es gibt einen Weg, diesen jungen Mann zu finden.«
Seine Frau zweifelte: »Wo willst du hingehen und ihn suchen?« fragte sie.
»Wir werden all die Dorfbewohner einladen, rundherum aus der ganzen Gegend, und zwar zu einem Sing- und Tanzfest.
Sicher wird Mousha davon hören und auch kommen.«
Der Vater, der ein geschickter und findiger Mann war, schnitt einige Bambusstäbe zurecht, band sie zusammen und spielte eine liebliche Melodie darauf. Dann zeigte er den jungen Leuten im Dorf, wie man diese Bambusflöten anfertigen und darauf spielen kann.
Je mehr sie von diesen Instrumenten machten, desto besser wurden sie. Die Melodien, die sie darauf spielten, wurden gleichfalls immer lieblicher.
Am Mondneujahr eröffneten sie das Bambusflötenfest, bei dem sie alle sangen, tanzten und Musik machten. Nicht nur alle Dorfbewohner kamen, sondern auch die Leute der ganzen Umgebung nahmen daran teil – und alle lachten fröhlich und tanzten zu den Melodien der Bambusflöten.
Das Fest dauerte nun schon neun Tage und neun Nächte. Am zehnten Tag erspähte Pangkao in der Menge einen jungen Mann, der eine weiße Feder in seinem Turban trug. Es war Mousha.
Das Glück des Mädchens kannte keine Grenzen, und sie eilte zu ihrem Vater, der Mousha zu einem Festmahl einlud. Mousha wußte gar nicht, was dies zu bedeuten habe und wollte sich näher erkundigen, als der alte Mann zu ihm sagte: »Mein tapferer junger Mann, einstmals bist du

schon hierhergekommen und hast uns geholfen. Von zwei schrecklichen Raubvögeln hast du uns damals befreit. Nun möchte ich dich etwas fragen: Woher hast du die Feder, die du in deinem Turban trägst?«
Mousha war von dieser Frage überrascht und war erstaunt, warum der alte Mann danach fragte. Dann aber erzählte er ihnen alles, was im Walde geschehen war. Sinnend fügte er hinzu: »Bis auf den heutigen Tag weiß ich allerdings nicht, warum wir das Weinen einer jungen Frau hörten, und warum das Weinen aufhörte, als ich den weißen Fasan abschoß.«
Da trat Pangkao aus der inneren Kammer hervor und sah Mousha unter Tränen an. Ihr Vater erzählte nun dem jungen Mann die ganze Geschichte und erklärte ihm, warum sie dieses Bambusflötenfest veranstalteten.
Mousha faßte tiefe Zuneigung zu der lieblichen Pangkao, die eine so schwere Probe hatte bestehen müssen. Er konnte gar nicht anders als sie innig lieben. Und so wurden die beiden glücklich verheiratet.
Seit dieser Zeit spielen die Miao Bambusflöten, und seit dieser Zeit tragen auch die Miao-Mädchen und die Miao-Burschen weiße Fasanenfedern in ihrem Kopfschmuck und im Turban.

[Märchen der Dschuang]

Nachwort

Das »blühende Land der Mitte«, wie die Chinesen ihr gewaltiges Gebiet selbst gerne nennen, ist das einzige Kulturreich dieser Erde, in dem einzelne Märchen nicht nur in die vorchristlichen Jahrhunderte direkt zurückverfolgt werden können, sondern heute noch lebendig sind und erzählt werden. Alle Jahrhunderte jedoch, alle Dynastien, haben in China an dem riesigen Märchenteppich mitgewoben, den wir Europäer in seinen Ausmaßen noch längst nicht überblicken. Gerade aber Märchen können zum Verständnis der großen Kulturräume Chinas beitragen. Im Märchen spiegelt sich die jahrtausendealte chinesische Geschichte mit ihren Sintflut- und Schöpfungssagen, Gespenster- und Geistergeschichten, Schwänken, Fabeln und Legenden wider, an denen geographische und kulturhistorische Eigenarten abzulesen sind.

Eine genaue Trennung der Gattungen ist oft schwer, in den großen Sammlungen chinesischer Volksliteratur sind Märchen, Sagen, Legenden, Fabeln und derbe Schwänke bunt gemischt enthalten oder gar mit fließenden Grenzen ineinandergeschachtelt. Das Problem der Definitionsschwierigkeit bei diesen Literaturgattungen gibt es jedoch auch beim indischen Märchen, das den kunstvollen Aufbau, die Rahmenerzählung und Verschachtelung so sehr liebt...

Die beachtliche Ausdehnung des chinesischen Staatsgebietes vom Amur bis zum Golf von Tonking – und vom Tienschan bis zum Gelben Meer – bringt es mit sich, daß die Chinesen seit alters sich untereinander merklich unterscheiden. Die Ausformung stark verschiedener Dialekte und die beachtlichen Differenzen im alltäglichen Habitus ließen auch in Sitte und Brauchtum regionalen Eigenheiten Raum.

So sind auch die Märchen der erdverbundenen Nordchinesen anders geartet als die der quicklebendigen Südchinesen im Gebiet der Kokosnüsse, der Pfefferstauden und des Zuckerrohrs.

Für Südchina allein lassen sich anhand der Märchentexte vier Kulturschichten unterscheiden: eine bäuerliche, eine feudale, eine religiöse und eine gelehrte. Die bäuerliche Schicht ist die älteste, ihr ist der Wald unheimlich. Die feudale Schicht ist gekennzeichnet durch die Klagen über die fremden Könige im Lande, die religiöse Schicht zeigt den buddhistischen Einfluß auf, und die gelehrte Schicht führt den Beamten, den Gelehrten, die Schulen und die Prüfungen in das Märchen ein.

Die in China sehr häufigen Fuchsmärchen gehören dagegen der alten Nordostkultur an; sie haben sich mit der »gelehrten« Schicht verschmolzen und führen uns oftmals charmante weibliche Fuchsgeister vor, die in Gestalt liebreizender Mädchen den einsamen Scholaren in seiner Studierklause verführen.

Die Meisterschaft des Chinesen in der Schilderung von Personen und Situationen, sein Erzähltalent und seine Freude an der Überraschung treten auch im Volksmärchen zutage. Man kann diese Lust am Erzählen aber auch in den vielen, meist in Europa noch nicht bekannten Kunstmärchen der Chinesen entdecken. Die »Bandbreite« des chinesischen Märchens ist beachtlich. Die zarte Darstellung menschlicher Seelenregungen kontrastiert mit der Drastik und Groteske einzelner Szenen. Man bedenke jedoch, daß neben der verfeinerten klassischen Tuschzeichnung in China auch die dämonischen Fratzen in der chinesischen Plastik stehen.

Im Jahre 1913 schreibt Richard Wilhelm aus Tsingtau: »Das Wunderbare gehört für China noch zum natürlichen Weltlauf.« In der Tat, allein schon die mit großartigen Metaphern und Allusionen arbeitende chinesische Sprache hat einen poetischen Glanz und verwischt oft die Grenze zwischen Wirklichkeit und Märchenwelt.
So heißt eine bestimmte Verlagsbuchhandlung im alten China beispielsweise »Verlag zum krächzenden Sumpfkranich«. Jeder Chinese weiß, daß der Kranich sowohl das Symbol des Glücks als auch der literarischen Eleganz ist. In der Mythologie tritt ein Kranichpaar stellvertretend für den Glücksgott Fuhsing und den Gott der Literatur Wencháng auf. Mit dieser Anspielung (Allusion) will der Verleger also zugleich Käufer als auch Autoren anlocken.
Zahlreich sind die Märchen, die von Begegnungen mit Drachen berichten. Mythos, Sage, Märchen und Legende vermischen sich hier unentwirrbar. Das Drachensymbol beherrschte das chinesische Geistesleben von Anfang an. Drachen werden in China als das Prinzip Yang verehrt, das Prinzip des Männlichen, des Positiven. Drachen wohnten entweder in den Wolken oder im Wasser. Der Chinese unterscheidet dabei fünf Arten:

1. Himmelsdrachen, die als Wächter vor den Wohnungen der Götter sitzen;
2. Drachengeister, die Wind und Regen regieren und gelegentlich auch Überschwemmungen verursachen;
3. Erddrachen, die Flüsse reinigen und manchmal Seen und Meere vertiefen;
4. Drachen, die verborgene Schätze bewachen;
5. Kaiserliche Drachen, die im Kampf gegen Rebellen eingreifen und das Hochwasser ableiten helfen, indem sie Gräben ziehen.

Das Symbol des Kaisers war der Drache mit fünf Krallen. Der kaiserliche Schatz wiederum wird symbolisiert durch die im Wasser von einem Drachen bewachte Perle. Ein kaiserlicher Drachen mit einer flammenden Perle aber ist das Symbol der Sonne selbst. Den Sonnenwagen am Himmel ziehen Drachen.

Wie die chinesische Mythologie fünf wichtige Berge kennt, so gibt es in ihr fünf Drachenkönige. Einmal im Jahr tauchen sie aus dem Wasser auf, erheben sich zum Himmel und erstatten dem höchsten Himmelskaiser Bericht. Der »Grüne Drache« schließlich ist das Symbol des Ostens und des Frühlings.

So setzt die Erwähnung dieses Fabelwesens beim Chinesen ganze Ketten von Assoziationen in Gang. Selbst die Buddhisten stellen Buddha oft auf einem Drachen reitend dar. Die buddhistischen Heiligenlegenden berichten von dem Missionar Tang Seng, der die Lehre des Erhabenen auf seiner großen Pilgerfahrt nach China gebracht und sie dort in ihrer Reinheit und Echtheit verkündet habe. Das Pferd, das Tang Seng nach China trug, ist nach buddhistischer Auffassung in einen Drachen verwandelt und zum Befehlshaber der Himmelsdrachen erhoben worden.

Das Wahrzeichen der Kaiserin dagegen ist der Phönix, das Zeichen des Glücks und der Gunst des Himmels. Der Phönix verkörpert das weibliche Prinzip Yin, dessen Jahreszeit der Sommer ist. Yin kann jedoch auch gleichzeitig als das Prinzip des Negativen betrachtet werden; und so wird verständlich, warum der Phönix auch mit Überschwemmungen in Verbindung gebracht wird.

Eine Vielzahl von Symbolen dieser Art beherrscht das chinesische Märchen. So hatten etwa alle Ströme und Flüsse Chinas ihre Flußgeister und Flußgötter. Der wichtigste von ihnen war der des Gelben Flusses, der Flußgraf Ho Po, dem im Altertum alljährlich Menschenopfer dargebracht wurden.

Aber auch die Tiere in Feld und Wald sind in diese mythologische Weltdeutung mit einbezogen. So sah man im Ochsen ein Wesen, das ursprünglich im Himmel wohnte, durch eigenes Verschulden aber auf die Erde verbannt wurde, um fortan dem Bauern beim Pflügen zu helfen. Steinerne Statuen von Pferden wiederum stellte man mit Vorliebe zum Schutz vor Dämonen als Wächter vor den Gräbern der Ahnen auf. Vom Affen gar glaubte man, er vereinige Gutes und Böses wie ein Mensch in sich, könne seine schlechten Eigenschaften besiegen und die negativen Seiten seiner Natur durch selbstlose Hilfeleistungen überwinden.

Diese Mythenwelt des alten China hat spätestens seit dem Sieg der Kommunisten unter Mao Tse-tung an Bedeutung verloren. Vieles von dem alten Märchengut aber ist in der Erzähltradition noch lebendig.

Der gewaltige chinesische Märchenschatz ist zwar in Europa noch längst nicht bekannt, auch in China selbst noch nicht vollständig gehoben, aber es liegen viele Texte in chinesischen Sammlungen vor. Stellvertretend für die literarischen Quellen, in denen sich Volksmärchen finden, seien genannt: Si Yu Gi, San Guo Yän Yi, Sin Tsi Hiä, Schi Gi, Ming Huang Dsa Lu und das Fong Schen Yän Yi.

Ganz anders aber verhält es sich mit den Märchen der sogenannten Nationalitäten, d. h. all der Völker, die in China heute ebenfalls leben und aufgrund einer gewissen Kulturautonomie ihre Muttersprache pflegen können. Da in der ganzen Volksrepublik die Schulpflicht eingeführt ist, wäre der schriftlichen Fixierung der Volksliteratur aller in China lebenden Minderheiten der Weg bereitet. Sporadisch und eklektisch ist dies da und dort auch geschehen, was aber fehlt, ist eine wissenschaftlich betriebene Totalerfassung des gesamten Märchengutes aller Völker in China.

Der Vielvölkerstaat China zählt heute 55 nationale Minderheiten, die zusammengefaßt etwa 8 Prozent der Gesamtbevölkerung ausmachen. Die Chinesen selbst (das Han-Volk) nehmen daher im ganzen Land eine stark dominierende Stellung ein.

Zwei deutschen Forschern vor allem ist es zu verdanken, daß uns die Haupttexte und Grundtypen der Märchen des Han-Volkes in ihrer Eigenart, ihrer Vielseitigkeit und Farbenpracht heute bekannt sind: Richard Wilhelm und Wolfram Eberhard.

In der Sammlung von Eugen Diederichs erschien im Jahre 1914 in Jena der Band ›Chinesische Volksmärchen‹, übersetzt und eingeleitet von Richard Wilhelm.

Bei seiner Sammel- und Übersetzertätigkeit griff Wilhelm fast durchweg auf die mündliche Überlieferung zurück, auch dann, wenn das betreffende Stück in der Literatur schon vorhanden war. Nach eigenen Angaben verfolgte er dabei den Zweck, festzustellen, »wie die Geschichte tatsächlich heute im Volke lebt«.

In den dreißiger Jahren ging Wolfram Eberhard daran, in vielen Teilen Chinas nach Märchen zu forschen. Kunstmärchen wurden ausgeschieden; auch Märchen, die im Volk nicht mehr lebendig waren, fanden keine Aufnahme in der Sammlung. Eberhard brachte auf diese Weise etwa dreitausend Stücke zusammen, fast die Hälfte aus Mittel-China, 250 aus Nord-China und ungefähr 700 ohne genaue Ortsangabe. Berücksichtigt wurden auch Fabeln, Schwänke und Legenden, soweit sie in der mündlichen Tradition nachgewiesen werden konnten.

Die umfassende Arbeit Wolfram Eberhards liegt in zwei Werken vor, einem Textband und einer Typologie. Wolfram Eberhard gehört in die Reihe der bahnbrechenden deutschen Märchenforscher seit den Brüdern Grimm bis zu Kurt Ranke und Alfred Cammann.

Dem Band ›Chinese Fairytales and Folktales‹, London 1937, hat Eberhard verdienstvollerweise einen ›Märchenkatalog‹ zur Seite gestellt, der einen guten Einblick in die Grundstruktur des chinesischen Märchens allgemein gibt.

Dieses Werk ›Typen chinesischer Volksmärchen‹, erschienen in Helsinki 1937, in den bekannten ›Finnish Folklore Communications‹, gibt einen umfassenden Überblick über die Struktur, den Typus, die Verbreitung und die Einbettung des chinesischen Märchens in den Kulturraum des Landes der Mitte.

Aus dem Nahen Osten, selbst aus der griechischen Antike, ist Lehngut im chinesischen Märchen festzustellen. Die ›treulose Witwe von Ephesos‹, die ›Äpfel der Hesperiden‹, die ›Kunde von Androklos und dem Löwen‹, die ›Fabel vom Fuchs und dem Raben‹ – man findet sie in fernöstlicher Gestalt an den Ufern des Hoangho wieder. Selbst die Märchen von ›Hänsel und Gretel‹, vom ›Wolf und den sieben Geißlein‹, vom ›Mann im Mond‹ und andere sind – nach Eberhard – in Ostasien weit verbreitet.

Das meiste aber ist autochthon und unverwechselbar. Friedrich von der Leyen stellte daher mit vollem Recht fest, daß mit dem Werke Eberhards ein neues mächtiges Dokument über die Bedeutung gesichert sei, die das Märchen für die Anfänge und für das Werden der Menschheit besitzt.

Die stärksten Impulse, die das chinesische Märchen überhaupt von außen bekam, sind allerdings von Indien ausgegangen. Es gehört zu den eigentümlichsten Entdeckungen der internationalen Märchenforschung, daß dieser Transfer ausgerechnet über die kanonischen Schriften des Buddhismus erfolgte. Bereits im sechsten vorchristlichen Jahrhundert, in der vorbuddhistischen Zeit, werden in Indien überall Märchen, Fabeln, Schwänke, Sagen und Legenden in großer Zahl erzählt. Eine buddhistische Schule nahm dann im fünften Jahrhundert v. Chr. aus pädagogischen Gründen, zur Warnung und Erbauung der Gläubigen, über ein halbes Tausend Märchen und Legenden in den Kanon ihrer heiligen Schriften auf. Angereichert mit diesem gewaltigen Märchengut wurde dieser Kanon dann durch buddhistische Mönche in den ersten nachchrist-

lichen Jahrhunderten in China verbreitet. Die neue Lehre wurde in China damals vornehmlich von den niederen Volksmassen aufgenommen. Gerade aber dies trug besonders zur Verbreitung und teilweise zur Sinisierung der ursprünglich indischen Märchen bei. Der Urtext liegt in Pali vor, einer jüngeren Schwestersprache des Sanskrit, die noch heute in Hinterindien und Ceylon als buddhistische Kirchensprache gebraucht wird. Die Märchen selbst (Dschatakas) sind alle Buddha in den Mund gelegt. Der Meister versucht darin fast stets, einem Mönch das Törichte seines Verhaltens klarzumachen, etwa wenn er sich nicht richtig benommen oder sich gar in eine Frau verliebt hatte. Buddha erzählt dann zur Verdeutlichung aus der Vergangenheit eine Geschichte, und zwar stets eine Geschichte aus einer seiner früheren Existenzen. Er schildert sich in diesem Reigen der Wiedergeburten als hoppelnden Hasen, als vierfüßige Gazelle, als Krähe, als Pfau, dann wieder als Handwerker, als König, sogar als Räuber. Diese Geschichten legten seine Jünger dem erhabenen Meister in den Mund, d. h. sie formten uraltes indisches Märchengut um und schmolzen es zu lehrhaften Zwecken in ihre Schriftsammlung ein.
Nimmt man diesen Geschichten das buddhistisch-lehrhafte Gewand wieder ab, so tritt der echte Kern des Märchens, die alte indische Volksliteratur, wieder hervor. Eine zweite bemerkenswerte Welle ähnlicher Art lief später über Tibet nach China.
In der vorliegenden Sammlung sind 14 Märchen des Han-Volkes aufgenommen, von denen zwei sehr stark an europäische Motive erinnern: ›Großmutter Wolf‹ und ›Dattelkern‹. Die Han-Märchen enthalten also echtes chinesisches Volksgut, selbst ursprüngliche Fremdmotive sind sinisiert und völlig integriert.
Von den anderen Völkern in China bilden die Dschuang (= Chuang) mit etwa 14 Millionen Menschen die größte natio-

nale Minderheit. Sie bewohnen das Kuangsi-Chuang-Gebiet in Südchina und sind Nachbarn der Vietnamesen. Die drei Dschuang-Märchen in dieser Sammlung zeugen davon, wie plastisch, klar und auch direkt dieses Volk zu erzählen weiß.

Drei Völker umfassen heute je rund sieben Millionen Menschen: die Uiguren, die Hui und das Volk der Yi. Die Uiguren sind neben den Kasachen, den Usbeken und Tataren Anhänger des Islam in China – und daher von arabischen Kulturtraditionen mitgeprägt. So nimmt es nicht wunder, daß ›Das hölzerne Pferd‹ sich als uigurische Version jener Geschichte vom Ebenholzpferd entpuppt, die Scheherazade in vierzehn Nächten ihrem Herrn erzählt – in ›Tausendundeiner Nacht‹. Der weitausladenden arabischen Erzählform entsprechend ist denn auch dieses uigurische Märchen das längste in dieser Sammlung. Der Kern der Geschichte mag indischen Ursprungs sein. Im ›Oezan der Märchenströme‹ des kaschmirischen Dichters Somadeva aus dem 11. Jahrhundert n. Chr. gibt es schon ein solches Himmelsgefährt, allerdings dort nicht als hölzernes Pferd, sondern als festgebauten Wagen. Das Volk der Yi lebt vornehmlich in den südchinesischen Provinzen Yünnan, Setschuan und Kueitschau, während die Hui hauptsächlich im Norden, vor allem in Ninghsia-Hui, zu finden sind. Ihre Volksliteratur ist noch nicht erforscht.

Den rund vier Millionen Tibetern ist in dieser Reihe ein eigener Märchenband (Bd. 13577) gewidmet, und daher bleiben sie in dieser Zusammenstellung unberücksichtigt.

Der Bevölkerungszahl nach folgen auf die Tibeter die Miao mit rund drei Millionen. Im Altertum und Frühmittelalter bildeten die Miao das südliche Nachbarreich der Chinesen, ihr Kulturzentrum lag einst am mittleren Jangtse. In jahrhundertelangen Kämpfen wurden sie von den Chinesen teils ausgerottet, teils assimiliert, teils auch

in schwer zugängliche Berggegenden abgedrängt. Heute leben ihre stark zersplitterten Reste im gebirgigen Süden der Provinz Kueitschau und im Nordwesten Kuangtungs. Dieses künstlerisch hochbegabte Volk hatte in China ein ähnliches Schicksal wie die Kelten in Europa; wie diese verwahren die Miao einen reichhaltigen, allerdings noch kaum gehobenen Märchenschatz. Das Miao-Märchen ›Der weiße Fasan‹ zeigt den Schauder, den dieses Volk einst vor dem Dickicht der südlichen Urwälder empfand.
Von den Mandschus, die auf etwa viereinhalb Millionen geschätzt werden, liegt bisher keine zugängliche Märchensammlung vor. In der Mandschurei leben jedoch auch noch weit über eine Million Koreaner, ferner Mongolen und Olunchun.
Die Innere Mongolei ist heute ein Teil Chinas; dort leben mehr Mongolen als in der Mongolischen Volksrepublik selbst. Mongolen aber leben auch noch in den chinesischen Provinzen Sinkiang, Ninghsia-Hui und Tsinghai.
Von den mongolischen Stämmen in der Inneren Mongolei sind insbesondere die Nachkommen Tschingis-Khans zu nennen, die Tsakhar – aber auch die Üdzümütsin und die Bagharin sind durch ihre reiche Volksliteratur bekanntgeworden. Das mongolische Märchen zeichnet sich durch besondere Grausamkeit und unumwundene Redewendungen aus. Die Gefahren und Prüfungen, die ein mongolischer Held auf sich zu nehmen hat, übersteigen bei weitem die Opfer anderer Volks- und Märchenhelden. Die drei mongolischen Märchen in dieser Sammlung sollen davon einen Eindruck vermitteln.
Von den vielen anderen Nationalitäten auf dem chinesischen Festland sind als kulturell bemerkenswerte Völker auch die Hani und die Li zu nennen. Die Hani bewohnen mit über zwanzig anderen Nationalitäten die südwestlichen Provinzen Chinas, die Li vornehmlich die Bergländer von Fukien, Kuangtung und Kuangsi. Das Hani-Mär-

chen vom Reis geht auf die Zeit der Herrschaft fremder Dynastien in Südchina zurück. Bei den Li erzählt man sich eins der schönsten Drachenmärchen, das die Feststellung bestätigt, daß Drachen im Volksglauben fernöstlicher Völker durchaus auch als positive, dem Menschen wohlwollende göttliche Wesen gesehen werden.

Unter den nationalen Minderheiten Chinas nehmen im Süden die Thai eine eigene Stellung ein, sie sind dem thailändischen Kulturraum durch ihre Mythologie, ihre Sprache, ihr Brauchtum und ihre Märchenwelt verbunden. Das Siedlungsgebiet der Thai reicht weit bis nach Yünnan hinein. Die Märchen dieser Nationalität sind engstens mit denen in Thailand selbst verwandt und lassen erwartungsgemäß einen starken buddhistischen Grundzug erkennen.

Inzwischen hat die Sammel- und Editionstätigkeit in China ebenfalls begonnen. In den Kulturbehörden – zentral und regional – hat man längst eingesehen, daß alle in China lebenden Nationalitäten gerade mit ihren Märchen zum nationalen Kulturerbe bedeutende Beiträge geleistet haben. Man ist bestrebt, im Laufe der nächsten Jahre eine 56 Bände umfassende Märchensammlung der Völker Chinas herauszugeben. Dann könnten auch zum ersten Mal Vergleiche zwischen allen in China lebenden Minderheiten im Hinblick auf ihre Märchen angestellt werden. Diese Edition erfolgt zuerst in chinesischer Sprache, aber eine Übersetzung in die großen europäischen Kultursprachen ist dann nur noch eine Frage der Zeit. Der Märchenschatz der Welt wird durch diese Sammlung in jedem Fall eine bedeutende Erweiterung und Bereicherung erfahren.

Bremen, Herbst 1997 *Josef Guter*

Literaturhinweise

Wilhelm, Richard: Chinesische Märchen. Jena 1914

Eberhard, Wolfram: Chinese Fairytales and Folktales. London 1937

Eberhard, Wolfram: Typen chinesischer Volksmärchen. Helsinki 1937. Finnish Folklore Communications, 120

Leyen, Friedrich von der: Die Welt der Märchen. Band I. Düsseldorf o. J.

Feng Shen-yen-i: Die Metamorphosen der Götter. 2 Bde. Leiden 1912

Werner, E.T.C.: Myths and Legends of China. London 1922

Krieg, C. W.: Chinesische Mythen und Legenden. Zürich 1946

Christie, Anthony: Chinesische Mythologie. Wiesbaden 1968

Lüders, Else: Buddhistische Märchen aus dem alten Indien. Nachwort von Heinrich Lüders. Jena 1922

Schwarz, Rainer (Hrsg.): Chinesische Märchen, Wiesbaden 1981

Roberts, Moss (Hrsg.): Chinese Fairy Tales and Fantasies. New York 1979

Jülg, B.: Mongolische Märchen. Innsbruck 1868

Heissig, Walther: Helden-, Höllenfahrts- und Schelmengeschichten der Mongolen. Zürich 1962